大学生体育文化与技能实践

崔家宝　主编

哈尔滨出版社
HARBIN PUBLISHING HOUSE

图书在版编目（CIP）数据

大学生体育文化与技能实践／崔家宝主编. -- 哈尔
滨：哈尔滨出版社，2024. 10. -- ISBN 978-7-5484
-8217-8

Ⅰ. G807. 4
中国国家版本馆 CIP 数据核字第 2024YD6872 号

书　　名：**大学生体育文化与技能实践**
　　　　　DAXUESHENG TIYU WENHUA YU JINENG SHIJIAN

作　　者：崔家宝　主编
责任编辑：刘　硕
封面设计：赵庆旸

出版发行：哈尔滨出版社（Harbin Publishing House）
社　　址：哈尔滨市香坊区泰山路 82－9 号　　邮编：150090
经　　销：全国新华书店
印　　刷：北京鑫益晖印刷有限公司
网　　址：www. hrbcbs. com
E － mail：hrbcbs@yeah. net
编辑版权热线：（0451）87900271　87900272
销售热线：（0451）87900202　87900203

开　　本：787mm×1092mm　1/16　印张：10.5　字数：230 千字
版　　次：2024 年 10 月第 1 版
印　　次：2024 年 10 月第 1 次印刷
书　　号：ISBN 978-7-5484-8217-8
定　　价：48.00 元

凡购本社图书发现印装错误，请与本社印制部联系调换。

服务热线：（0451）87900279

前　　言

体育在广义上被视为一种综合性的社会活动，它不仅涵盖身体锻炼，还涉及个体的全面发展、社会文化的丰富以及精神文明建设。在大学教育中，体育课程扮演着至关重要的角色，它不仅能增强学生的体质，更是通过体育教育和锻炼促进学生全面发展的途径。大学体育课程旨在通过系统化的体育教学和科学的运动训练，帮助学生建立健康的生活方式，提高他们的身体素质和基本运动能力，同时增强他们对自然环境的适应性。这一课程强调体育知识、技能和方法的学习，鼓励学生养成持续锻炼的习惯，以达到终身受益的目的。随着现代社会对健康日益增长的需求，大学体育不仅关注学生的身体健康，也注重心理健康，力求实现身心和谐发展的目标。大学体育课程还融入了思想品德教育、文化科学教育以及生活技能培养，已成为素质教育和人才培养体系中的重要一环。通过体育活动，学生能够学习团队合作、形成公平竞争等价值观，这对他们未来的职业生涯和社会生活都会产生不可估量的影响。因此，大学体育不仅是追求健康的身体，更是塑造健全人格和促进社会文明进步的有效工具。

本书深入探究了体育文化在高等教育领域的独特地位与作用，特别聚焦于大学生群体。笔者从体育文化的本质特征和传播机制出发，细致剖析了体育锻炼与健康之间的科学关联。笔者进一步阐述了校园体育文化的构建路径，包括体育教学与课外活动的组织管理策略，旨在营造既有利于技能提升又有利于身心健康发展的体育氛围。随后，作者详细解析了形体健身、隔网对抗类球类项目及各种户外运动的技术要点，为读者提供了丰富的实践指南。

在此，笔者衷心感谢所有专家、学者及同行，正是他们宝贵的见解和研究成果为本书的撰写提供了坚实的学术基础与灵感源泉。鉴于个人学识与经验的局限性，书中可能存在不足、遗漏或表述不当之处，请各界同人及广大读者不吝赐教，您的每一个反馈都是笔者改进与完善作品的宝贵财富。笔者期待通过持续的交流与讨论，促进学术研究的精进与体育文化领域的繁荣发展。

目　　录

第一章　体育文化的特点与传播

第一节　体育文化的概念和内涵

一、体育文化的概念

我国学者对体育文化概念的探讨多元且深入，虽未形成统一定义，但涌现出如"无统一说""精神说"及"层次说"等颇具影响力的分析理论。下面我们将一一进行分析：

（一）无统一说

"无统一说"源于我国学者张进才在其著作《体育文化基本概念辨析》中的论述，他指出，体育文化的概念之所以呈现多元化解读，根源在于学者们各自的研究视角和侧重点的差异。有人侧重于身体素质的维度，有人聚焦于体育运动的过程，还有人从体育器材与设施的实体层面进行诠释。随着时间的推移，社会变迁、科学发展以及学科间的交叉融合促使一些学者对体育文化的理解不断演进，甚至催生了全新的概念界定，反映了体育文化内涵随时代发展而动态变化的特性。这种多维视角的存在，恰恰体现了体育文化研究领域的丰富性和开放性，也为后续的学术探索留下了广阔的空间。

（二）精神说

"精神说"在体育文化概念的探索中占据显著位置，易剑东教授在《体育文化学》中提出的观点尤为关键。他主张体育文化实质上是一种实践活动，旨在通过身体活动提升人类的体质，并追求精神层面的自由与发展。当物质需求得到满足后，体育运动便成为人们寻求养生保健、精神升华的途径，从而促进个体精神文化的提升。

赵军在分析体育文化概念时，从体育文化起源的角度出发，指出体育根植于生产劳动、部落冲突、娱乐休闲和人性探索之中。他进一步归纳了国内体育文化界的多个维度，包括身体文化、竞技文化、身体教育、行为文化以及中医文化，最终提炼出体育文化是社会生活中体育活动产生的体育与精神产物。

体育文化概念的构建离不开对"体育"与"文化"两个核心词汇的深入理解。任莲香在研究中将"体育"细分为学校体育、竞技体育和群众体育三个领域，而"文化"则被她划分为人化说、人造说、精神说和知识说四个层面。通过对体育文化概念的综合考量，任莲香明确了体育文化是在以身体活动为基础形式，以身体竞争为特殊手段，以身体完善为目标的体育实践中所体现的人的精神生活方面。这一定义揭示了体育文化是体育与文化交融的产物，强调了体育活动对个体精神世界的影响与塑造。

（三）层次说

层次说也是体育文化概念理论中的一个比较重要的分支，对体育文化的层次进行了分别的论述。

1. 实践理论层次说

"实践理论层次说"将体育文化定义为一项旨在实现特定目标，且需人类参与的身体性活动。从实践角度来看，体育文化强调可操作性元素，诸如运动会的开闭幕仪式、颁奖典礼、体育相关的文艺表演等，这些都是体育文化在现实中的直观展现。而在理论层面，体育文化则更多聚焦于运用人文社科的研究方法，去探索和解析体育背后的思想理念、价值观念以及制度框架。

尽管"实践理论层次说"从操作与理论两个维度对体育文化的概念进行了较为全面的剖析，但仍有其局限性。比如，某些具体的体育赛事、日常的教学训练等活动，在这一概念框架下可能未能得到充分的涵盖与解释，显示出这一理论模型尚存有提升和完善的空间。这提示我们在理解和定义体育文化时，还需更加细致地考虑体育活动的多样性和复杂性，以构建更为全面和精准的概念体系。

2. 物质中间精神层次说

体育文化的理解常被划分为三个层次：首先是内层精神文化，涵盖体育精神、价值观、审美和体育认知等非物质层面；其次是中间层制度文化，涉及体育组织架构、教学训练体系、赛事运作等制度和规则；最后是外层物质文化，主要体现在体育器材、场馆设施等实体对象上。这种三分法在学术界得到了广泛认同，其中内层被视为体育文化的灵魂，对体育的整体导向起着核心作用。

从结构视角出发，体育同样被细分为三个层次：内核层承载着体育的核心价值观和审美标准，是体育文化的根基；中间层则聚焦于体育制度、赛事管理等组织运作层面；外层则指向体育场馆、赛事本身等直观可见的部分。鲁飞的观点进一步强调，内核层是体育文化创新与发展的源泉，对体育文化的长远发展具有决定性影响。

有学者将体育文化同样划分为三个文化层次：精神文化，涉及体育观念和意识形态；行为文化，包括运动实践、竞赛规则与规范；物质文化，涵盖体育设施与器材。他们认为，体育文化作为文化的一个分支，与各学科领域紧密相连，其概念在不同学科背景下有着各自的解读和侧重点。

从历史和哲学角度审视，体育文化自古以来就存在于人类社会中，其内容可归纳为体育物质文化、体育精神文化和体育制度文化三大部分。体育文化作为文化体系的一部分，其结构同样包含核心层、中间层和外层，分别对应价值观念、认识体系和行为模式。基于此，体育文化被定义为人类在体育现象及其发展过程中，所展现出的思维方式、行为方式的集合，包括价值取向、精神状态、理论认知、实践技能等多个方面。

3. 物质实践制度精神层次说

将体育文化视作一个系统性的整体，我们可以将其精细划分为四个核心层次：首先，价值与观念层次，这是体育文化的灵魂所在，包含体育价值观、精神追求以及深层次的文化认同；其次，规范层次，涉及体育竞赛中的各种规则、道德准则以及行为规范，确保体育活动有序进行；再次，技术与体育层次，聚焦于运动项目本身，包括技能技巧、运动功能及其对参与者身心健康的影响；最后，物质文化层次，体现在体育场馆的建设、运动装备的设计与使用等实体要素上。通过这四个层次的梳理与归纳，体育文化的内涵与外延得以清晰呈现，不仅有助于理论研究的深化，也能促进体育文化的普及与传承，使其在社会发展中发挥更大的作用。这种分类方式不仅提升了体育文化概念的逻辑性和条理性，还便于社会各界更好地理解体育文化的全貌，进而引起公众对体育文化的兴趣，推动体育事业的蓬勃发展。

4. 体育文化的创新概念

体育文化作为文化系统中不可或缺的一部分，其内涵与外延并非静止不变，而是伴随着科学进步、社会发展以及人类认知能力的提升而不断演变。在不断吸纳实践经验与学者智慧结晶的过程中，体育文化的定义逐渐明晰：它是一种以身体为载体，通过精心设计、组织与规范，旨在满足人类生存需求、丰富日常生活体验的文化现象。体育文化囊括了精神文化与行为文化两大范畴，前者涉及体育观念、意识、思想与言论等非物质层面，后者则聚焦于体育行为、技术、规范及规则等实践操作。

从狭义角度理解，体育文化是对社会生活中体育活动的认可与价值赋予，通过融入知识与文化元素，将原本自然发生的体育行为转化为具有深厚文化底蕴的活动。这一定义覆盖了体育与艺术、学术、文化娱乐以及传媒等领域的交集，如体育舞蹈、艺术体操、武术展示、体育摄影、雕塑、建筑设计、音乐创作、文学作品、科学研究及媒体传播等，彰显了体育文化在现代社会中的多元化与广泛影响力。随着时代的发展，体育文化将继续吸收新知，拓宽边界，成为连接人类身体、心灵与社会的桥梁。

二、体育文化的内涵

（一）健身性

参与体育活动不仅能有效提升个体的身体力量，还能全面增强包括速度、灵敏度、柔韧性及耐力在内的各项身体素质，提高对外界环境的适应能力，促进身心健康。

（二）娱乐性

体育活动的休闲娱乐属性显著，它极大地提升了生活质量，为人们的日常增添了色彩。体育文化运动不仅充实了人们的闲暇时光，还营造了一种积极向上的社会氛围，让生活充满乐趣与活力。在这一娱乐属性下，体育活动可细分为两类：观赏性娱乐活动与运动性娱乐活动。前者如观看体育赛事、欣赏体育表演，为参与者提供了视觉与情感的享受；后者如球类运动、跑步、游泳等，让人们在亲身实践中体验运动的乐趣，同时达到锻炼身体的目的。这两类活动相辅相成，共同构建了体育文化中娱乐与健康并重的生态。

（三）民族性

无论是在中国还是在全球范围内，体育活动都深深烙印着民族特色的痕迹。不同地区的人们，基于各自独特的生存环境、文化背景、社会经济条件，发展出了风格迥异的体育传统，这便是体育民族性的真实写照。例如，中国传统的武术与太极拳，不仅展现了东方哲学与身体修炼的结合，也是华夏文化千年积淀的体现；而西班牙的斗牛运动是对传统习俗的坚守，浓缩了该国人民的激情与勇气。尽管世界各地的体育活动因地域文化而异，但在全球化的浪潮下，体育的共通语言正逐步消弭彼此间的隔阂，促进了不同国家和民族间体育文化的交流与融合。这一趋势不仅体现在规则与赛事的标准化上，更体现在体育精神与价值观念的相互借鉴与共享，使得全球体育文化在保持多样性的同时，朝着更加包容与统一的方向发展。

（四）艺术性

体育蕴含着深刻的艺术魅力，它能在观众心中激起强烈的美感共鸣。尤其是在竞技体育领域，顶级赛事不仅是运动员技艺的较量，更是一场精心编排的艺术盛宴。运动员们精湛的技术、流畅的动作配合着矫健的身姿，共同编织出一幕幕视觉上的华章，让人仿佛置身于艺术的殿堂，享受到纯粹的美学体验。这种融合了力量与优雅、速度与平衡的表演，不仅展示了人类身体潜能的极限，同时也传递了体育精神中的崇高与美好，令人赞叹不已，久久难以忘怀。

（五）竞争性

体育的竞争性极为突出，其核心特征在于运动场上的个人或团队依据统一规则，对共同的目标展开激烈角逐。这种竞争不仅局限于专业竞技体育领域，同样广泛存在于群众性体育活动中。现代体育赛事，实质上是多维度的较量，不仅考验参赛者的身体素质、技术熟练度与实战经验，更深层次地检验着选手的思想意志、道德品质以及面对挑战时坚韧不拔的精神。因此，体育比赛堪称全方位竞争的舞台，它所倡导的不仅是体能与技巧的超越，更是精神与品格的较量。

（六）教育性

体育文化的教育属性是其核心特征之一，体现在两个主要层面：一方面，自体育文化萌芽之时起，它就是教育体系中不可或缺的一环，与德育、智育、美育等其他教育内容相辅相成，共同构成全面教育的基石。另一方面，体育文化自诞生之初，便将教育理念深植于体育活动之中，通过体育运动，潜移默化地培养参与者高尚的道德情操，强化爱国主义与集体主义精神，同时锻造出勇敢、坚韧、拼搏向上的优秀品质。总之，体育不仅是一种锻炼身体的方式，更是塑造人格、传递价值观念的重要渠道，其教育功能贯穿于体育活动的始终。

（七）全民性

体育的全民参与性特征日益凸显，随着社会的不断进步和经济的持续发展，人们从繁重的劳动中解脱，获得了更多的闲暇时间，这促使大众积极参与体育锻炼，以增强体质、放松心情。现代科技的发达，尤其是电视、互联网、报纸和杂志等媒体的普及，使得即便不在现场，人们也能随时关注和讨论各类体育赛事，进一步拉近了体育与大众的距离。无论是亲临赛场的激动人心，还是在屏幕前的热烈讨论，体育已成为当代社会不可或缺的一部分，它不仅丰富了人们的精神文化生活，也促进了社会的和谐与健康发展。

三、体育文化的特点

（一）我国当代体育文化的特点

体育文化不仅承载着体育的特性，同时也富含深厚的文化属性，它兼具文化的一般共性与体育的独特性。通过深入理解"文化"与"体育文化"的概念，我们可以清晰地认识到体育文化所展现的一些基本特征：

长期演进的历程：体育文化的形成与发展经历了漫长的岁月，从最初的体育现象与体育活动，到如今内涵丰富、外延广泛的现代体育文化，这是一个渐进的过程。体育文化的概念与形态并非一蹴而就，而是经过无数代人的实践与探索，逐渐丰富和成熟的。这一发展过程至今仍在继续，体育文化始终处于动态变化之中，其未来形态亦充满无限可能。

传承与传播的双轨路径：现代体育文化的延续与创新，依赖于"体育教育"与"体育文化传播"两条重要途径。学校体育教育是接触体育运动和文化的基础平台，通过体育课与课外活动，学生不仅习得体育技能，更深刻理解体育精神与规范，实现体育文化的内化与传承。同时，体育文化传播通过国际赛事、媒体转播等形式，跨越地理界限，促进不同文化间的交流互鉴，加速体育文化的全球扩散，确保其生命力与影响力。

民族性与世界性的并存：我国现代体育文化兼具本土特色与全球视野。在五十六个民族的大家庭中，各民族的体育活动各具特色，如土家族的竹马、傣族的泼水节中的体育元素、哈尼族的秋千等，彰显出体育文化的民族性。然而，体育文化亦是普世的，如奥林匹克运动虽源于希腊，却已发展成为全球体育文化的标志，被各国广泛接纳与推崇，体现了体育文化跨国界的共享与融合。因此，体育文化既是民族的，又是世界的，它的多样性和包容性是其魅力所在。

（二）体育文化的价值

体育文化在社会发展中扮演着不可或缺的角色，它不仅映射出社会价值观念与意识形态的多样性，还展现出在促进社会和谐、增强民族认同感以及改善人类生存环境等方面的深远价值。

首先，体育文化作为社会文化的一部分，揭示了不同文化背景下人们对于体育精神的不同诠释。西方体育文化倾向于强调竞争与个人成就，倡导"更高、更快、更强"的理念，而东方体育文化则更注重团队协作与体育道德，提倡"友谊第一，比赛第二"的精神。这种对比不仅体现了东西方体育文化的形式差异，更深层次地反映了各自社会价值观与意识形态的区别。

其次，体育文化在预防犯罪、缓解社会矛盾方面发挥着积极作用。体育活动为年轻人提供了积极的宣泄渠道，减小了犯罪可能性，如美国某区域通过增设体育设施成功降低了犯罪率的例子所示。在国际关系中，体育赛事如奥运会，能够跨越政治、经济和文化障碍，让不同国家和民族在公平竞技的平台上交流互动，有助于增进理解，缓和紧张局势。

再次，体育文化是传承和识别民族传统文化的关键载体。体育文化中的非物质文化遗产，相较于物质遗产，更易于保存与传播，能够跨越时空限制，保持其"本真"特性。我国古代蹴鞠等体育活动，虽未充分融入民族传统文化，但若能加强体育文化的挖掘与弘扬，将有助于增强民族文化认同感，使其成为民族传统文化不可或缺的组成部分。

最后，体育文化对人类生存环境的优化作用不容小觑。它不仅可以改善个体的生理与心理状况，提升健康水平与心理韧性，还可以促进社会群体的和谐共生。体育活动在校园等环境中，不仅增强了学生的体质，还培养了他们的团队精神、社交能力和适应力，有助于其形成健全的人格，促进个体与社会的良性互动，从而创造更加健康、积极的社会氛围。

四、体育文化的功能

（一）经济功能

体育文化与社会经济发展的脉络紧密相连，中国的体育文化经历了两次显著的发展高潮，分别是在 20 世纪 50 年代中期至 60 年代中期，以及 20 世纪 80 年代初期至 90 年代初期。在首个发展阶段，尽管面临诸多困难，中国竞技体育仍取得了显著突破，特别是在游泳、举重、田径和乒乓球等项目上，吴传玉、陈镜开、郑凤荣以及中国乒乓球队等运动员和团队，不仅在国际赛场上摘金夺银，打破了多项世界纪录，还成了激励全国民众的典范。这一时期的体育成就不仅限于竞技层面，还延伸到了文化领域，一系列展现体育精神的影视作品如《水上春秋》《冰上姐妹》《女篮 5 号》《女跳水队员》等，不仅弘扬了体育精神，还向社会传递了积极向上的正能量，超越了体育范畴，影响了更广泛的社会文化。

在经济相对滞后的背景下，体育文化展现出强大的社会动员力，它不仅振奋了国民精神，激发了国民的工作热情，还间接推动了经济建设。体育，作为人类文明与文化教育的重要载体，其发展与社会经济状况息息相关。在经济低迷时期，体育文化能够充当精神支柱，鼓舞人心，激发社会活力，为经济复苏注入动力。这一现象充分说明，体育文化不仅能够促进社会文化的繁荣，还能在关键时刻对经济社会发展产生积极的催化作用。在"锻炼身体，振兴中华"的口号下，体育成了凝聚民心、提振士气的有力工具，对国家的全面发展起到了不可忽视的推动作用。

（二）社会功能

体育文化的社会功能至关重要，它深刻影响着社会的方方面面，对促进人的全面发展、丰富日常生活以及提升民族自豪感有着不可替代的作用。体育文化与社会紧密相连，唯有将其融入日常生活中，才能充分发挥其潜在的社会价值。具体而言，体育文化的社会功能主要体现在以下几个方面：

促进人的全面发展与国民素质提升：在全球化竞争日益激烈的背景下，各国纷纷加大对体育教育的投入，旨在培养具有竞争力的全面发展型人才。体育竞赛不仅是一种体育活动，更是一次对认知与创造力的挑战，这种挑战精神能够渗透到社会生活的各个角落。体育教育能够培育出诸如拼搏奋斗、创新创造、坚韧不拔、公平竞争以及团队协作等一系列现代社会所需的精神特质。通过严格的训练与竞赛，人的意志力得到磨炼，形成胜不骄、败不馁的心态；竞赛中的胜负得失培养责任感、使命感与爱国情怀；面对挑战，不断超越自我与对手，激发危机意识与竞争意识，推动个体向更高的目标迈进；严明的竞赛规则可教导人们尊重规则、遵守法律，形成良好的道德风尚。因此，体育运动在促进人的全面发展方面具有显著效果，受到了社会的广泛关注与政府的高度重视。

丰富日常休闲生活，推动全民健身：随着社会经济的发展，人们的生活水平得到了提高，生活方式发生了转变，对精神文化生活的需求日益增长。体育文化作为人类文化的重要组成部分，人们通过参与体育活动，不仅能够强身健体，还能丰富业余生活。例如，广场舞作为一种流行的体育文化现象，不仅促进了全民健身活动的开展，也成为城市文化的一道独特风景，深受大众喜爱。

提升民族自豪感与国际形象：体育竞赛的荣辱与国家和民族的荣誉紧密相连。在国际重大赛事中，如奥运会，中国运动员的卓越表现不仅提升了中国体育的国际地位，更激发了全国人民的民族自豪感。体育竞赛成为展现国家实力、民族精神与文化自信的重要窗口，对于增强民族凝聚力与国际影响力具有深远意义。

第二节　体育文化传播

一、体育文化传播理论

（一）体育文化传播的内涵

体育文化作为人类社会文化的重要组成部分，是人类在满足基本生存需求后，为了更好地适应环境、促进身心健康及社交互动而创造的一种文化现象。它是关于体育运动的非物质、制度和精神层面的综合体现，旨在丰富生活、满足人类对身体活动的追求，以及对更高层次精神文化的需求。

体育文化的起源与发展与社会生活紧密相连，它根植于人类的生产活动、生活习俗、军事训练、艺术表达和社会仪式之中。例如，原始社会的狩猎活动不仅关乎生存，也孕育了庆祝丰收的舞蹈，这些舞蹈逐渐演化为现代艺术表演，展现了体育文化从原始状态向成熟形态的演变过程。在中国，古代的祭日仪式、龙舟竞渡及壁画上的舞蹈和射箭动作，都是体育文化早期形态的生动写照，它们体现了先民们对自然的敬畏和对美好生活的向往。

随着时间的推移，体育文化逐渐完善并融入人类社会的各个领域。中国古代的气功、武术、太极拳等传统体育项目，不仅在本土得到了传承和发展，还跨越国界，成为全球共享的文化遗产。体育文化之所以能够跨越地域和民族的界限，是因为它以促进人的身心健康、提升内在品质为核心目标，这既是衡量不同文化阶段的标尺，也是区分民族文化特征的关键要素。

在当代社会，体育已经成为全球性的公共活动，与国家实力、民族精神紧密相连。中国的武术、太极拳等传统体育项目，因其倡导内外兼修、注重身心修养的理念而备受推崇，不仅在国内广泛流行，还在世界各地开花结果，彰显了中国体育文化的独特魅力和深远影响。体育运动的全球化趋势，使得体育文化在现代社会中扮演着越来越重要的角色，它不仅增强了个人的体质，还促进了国际间的文化交流与理解，成为连接不同文化背景人群的桥梁。

（二）体育文化的产生和发展

中国体育正经历着一个全面复兴与蓬勃发展的辉煌时期。这一时代不仅见证了中国竞技体育在国际舞台上的稳固立足，更显示了其日益增强的竞争力与影响力。与此同时，体育文化的蓬勃发展正深刻影响着中国社会，它已悄然融入民众的日常生活中，成为文化传承与创新的重要载体。

1. 体育文化的产生

体育文化，作为文化体系中的独特分支，源远流长且意义深远。它不仅反映了人类在进化历程中对身体潜能的探索和挑战，也体现了人类在精神层面的追求与升华。在远古时代，体育活动最初源于生存的本能，是人类为了适应环境、增强体质、提高狩猎技巧和防御能力而自发形成的。随着时间的推移，体育逐渐超越了简单的生存需求，成为一种承载着信仰、娱乐、社交乃至艺术表达的综合文化形态。

进入现代社会，科技的飞速进步和生产方式的变革促使体育文化进一步演化。在体力劳动逐渐被智能操作取代的背景下，体育运动成了缓解现代人的心理压力、促进身心健康的有效途径。面对日益激烈的竞争和快节奏的生活，体育不仅是一种身体锻炼的方式，更是一种精神慰藉和情绪调节的手段，它帮助人们构建积极的生活态度，培养团队协作的能力和公平竞争的精神。

体育文化的内涵丰富多元，既包括了参与者在体育活动中展现的价值观、思维方式和审美情趣，也涵盖了体育赛事的规则、组织形式以及体育设施等物质载体。体育精神文化，包含"更快、更高、更强"的奥林匹克精神，强调的是超越自我、追求卓越的人生态度；而体育物质文化，则是体育场馆、体育装备等具体可见的成果，它们不仅是体育活动的支撑，也是体育文化传承的见证。

尽管学术界对于体育文化的定义存在多种解读，但其核心在于体育作为一种社会现象，必然遵循一定的内在规律。体育文化研究应当关注体育的社会功能，探讨其对社会稳定、经济发展和文化多样性的影响。通过深入分析体育与社会的互动关系，可以更好地理解体育文化如何塑造个体身份，促进社会凝聚力，并在全球化背景下扮演文化交流的桥梁角色。

2. 体育文化的发展

（1）体育文化必将走向全球化

在全球化的浪潮中，经济的迅猛发展为各国带来了前所未有的机遇与挑战。对于中国而言，体育文化的发展目标是构建一种既深植于中华民族传统、又顺应全球体育文化发展趋势的新型体育文化体系。在这一进程中，体育物质文化的多元化发展至关重要，涵盖体育设施、传播媒介、体育商品生产等多个方面，旨在打造全面、立体的体育文化生态。

当前，我国正致力于在全国范围内加大公共体育设施建设力度，旨在丰富人民群众的业余体育生活，提升国民体质与健康水平。同时，着眼全球市场，推动体育市场的国际化发展，加速体育物质文化与精神文化的双轨并进，将具有中国特色的体育文化产品推向世界舞台，增强国际影响力。

在体育文化全球化背景下，探索适应市场经济体制的体育制度文化与运行机制成为当务之急。这不仅要求我们建立健全体育法规体系，为体育文化的发展提供坚实的法律保障，还需要在实践中不断丰富和发展体育制度文化，使其根植于深厚的民族文化土壤之中，形成具有中国特色的体育制度体系。体育文化产业的发展，作为体育制度文化繁荣的催化剂，二者相辅相成，共同促进体育文化在全球化时代的创新与传承。

（2）体育文化定会走向市场化

体育产业在全球范围内展现出蓬勃的生命力，已然成长为一个潜力巨大、前景广阔的朝阳行业。随着 21 世纪的到来，人们对于生活质量的追求日益提升，体育活动不仅成为日常生活中不可或缺的元素，还催生了规模庞大的消费市场。体育消费在个人支出中的比重显著增加，反映出社会群体对体育的热爱与投入。

经济的快速增长与民众生活水平的提高，为体育产业奠定了坚实的群众基础。社会整体环境的积极态度，加之公众广泛参与体育活动的热情，共同推动了体育产业的繁荣。大型体育赛事，如奥运会、世界杯和世界锦标赛等，不仅展现了顶尖运动员的卓越技艺，还凭借其高度的观赏性与竞技性，吸引了全球观众的目光，为体育产业带来了巨大的经济效益。

在众多有利因素的共同作用下，体育产业展现出惊人的发展潜力。借助现代传播媒体的力量，体育赛事与体育明星的故事得以广泛传播，进一步扩大了体育产业的影响力，吸引了更多消费者与投资者的关注。体育产业正以其独特的魅力和日益增强的市场号召力，证明自己作为朝阳产业的地位，预示着未来将持续发展壮大，成为推动经济增长的重要引擎。

（3）体育文化应该休闲化

在当代社会，休闲体育作为一种新兴的社会文化现象，正逐渐成为人们追求全面、自由与和谐发展的生活方式的重要组成部分。它不仅被视为一种有益于健康的休闲选择，更是现代社会文明进步的标志。随着体育人口的不断增长和休闲体育活动的普及，越来越多的人意识到，合理安排休闲体育活动，不仅可以提升生活质量，还能推动社会文化的繁荣发展。

休闲体育文化，作为中华民族传统文化与地方特色文化的结晶，承载着深厚的历史底蕴与独特的地域风情。在参与休闲体育活动的过程中，人们的价值取向得以体现，而健康、快乐与趣味性则是吸引大众参与休闲体育活动的核心动力。休闲体育活动不仅能够促进参与者身体机能的健康发展，还能在心理层面带来积极影响，帮助人们调节情绪、释放压力，实现身心的平衡与和谐。

鉴于休闲体育在提升国民综合素质与促进社会文明进步方面的特殊价值，我们应积极倡导并开发休闲体育的潜力，鼓励更多人投身于休闲体育活动，享受运动带来的乐趣，同时，通过休闲体育文化的传播，增强民族文化的认同感与自豪感，为构建健康和谐的社会环境贡献力量。休闲体育的推广，不仅能够满足个人对健康生活的追求，还能促进社会整体的福祉与文明程度的提升。

（4）体育文化必将走向民族化

作为一个由五十六个民族构成的多民族国家，中国的体育文化发展之路既是对传统民族文化的传承与创新，也是对全球体育文化精髓的吸纳与融合。中国体育文化不应盲目追随他国脚步，而应在深厚的民族传统文化基础上汲取营养，彰显独特魅力。这意味着，在中国体育文化的发展策略中，既要坚守民族文化的根基，又要勇于探索与国际体育文化接轨的新路径。

中国体育文化的发展方向应当是在弘扬民族文化特色的同时，积极借鉴世界体育文化的优秀成果，形成既有民族性又有国际视野的体育文化体系。这不仅要求我们在传承中创新，还要在开放中自信，既要保持对中国传统文化的尊重与传承，也要敢于吸收外来文化的有益成分，实现本土文化与国际文化的有机融合。

在这一过程中，中国体育文化应主动参与全球文明对话，以开放的姿态融入国际体育文化交流，寻求更广阔的发展空间。同时，立足于中华民族的本土文化，把握时代脉搏，结合中国国情，推动体育文化的现代化转型。这不仅包括对传统体育项目的现代化改造，也涉及对现代竞技体育理念的吸收与转化，使中国体育文化在保持民族特色的同时，展现出与时俱进的活力。

（三）体育文化传播的目的、意义

传播，作为沟通与交流的桥梁，对于体育文化的生成与繁荣起到了至关重要的作用。它不仅能够跨越地理与文化的界限，还能促进不同体育文化间的相互理解和融合。体育文化的传播媒介从原始的狩猎、身体与信仰传播，逐渐演进至现代的多媒体平台，如报纸、杂志、广播、电视及互联网，每一次传播方式的革新都加速了体育文化的传播，使其影响力遍及全球。

体育文化的传播是一个复杂且多维的过程，它牵涉到传播的类型、渠道、影响及作用等多方面因素。随着人类社会的演进，体育文化也随之更新迭代，新兴运动项目层出不穷，它们往往起源于某一特定地域，而后逐渐扩散至全球各地。体育传播本质上是体育文化的地域性流动，是人类社会活动的体现。在信息爆炸的时代，体育文化的每一个细节都能通过多种媒介迅速传播，这是历史发展的必然趋势。

各民族的体育文化构成了体育纵向发展的主轴，而民族间的体育传播则形成了横向发展的纽带。没有横向的交流，纵向的传承便失去了动力。因此，民族体育的发展，既要承袭本民族的体育传统，又要汲取他国体育文化的精华，两者缺一不可。体育文化的演进，实际上是在外部力量与内部要素的交互作用下，不断重塑与创新的过程。

体育文化本身具有开放性与外向性的特质，这促使体育成为文化交流中最活跃的领域之一。体育文化交流的形式多样，包括但不限于奥运会、商贸往来、旅行、留学、教学、外交等，这些活动交织在一起，相互促进，共同推动了体育文化的全球扩张。体育文化传播的目标在于将体育文化融入全球文化体系，从地域性向全球性拓展，这不仅是体育文化发展的里程碑，也是人类社会进步的标志。

体育文化传播在现代社会中扮演着多重角色，它对政治、经济、文化教育、商业等领域产生了深远影响。政治上，体育能激发民族精神，增强国家软实力，促进国际交流与和平；经济上，体育产业已成为拉动经济增长的重要引擎，集体育、经济、贸易、文化于一体，形成复合型的文化活动。许多原属单一民族的体育项目，如今已成为全球性的体育盛事，体育文化在现代社会中展现出强大的推动力，作用于社会的各个层面，对社会进步与发展产生了不可估量的正面效应。

（四）体育文化传播的主要特征

1. 选择性

体育文化在全球发展历程中展现出鲜明的继承性和连贯性，这一特性使得一个民族在历史长河中能够保持其核心价值和传统特色，即使在不同时期，也能寻觅到文化传承的脉络。这种选择性的继承机制，确保了体育文化中最具价值的部分得以留存并发扬光大。在当代社会，随着物质文明和精神文明的双重飞跃，科技的迅猛发展为人们提供了更为广阔的选择空间，体育文化的传播也因此变得更加多元和深入。

每一个历史阶段都烙印着独特的社会生产模式，人与自然、人与人之间的互动关系因此呈现出各自的时代特征。当社会经历剧烈的政治经济变革时，这些特征尤为明显，从而对体育文化的筛选标准提出了更高要求。那些根植于深厚民族文化土壤、遵循严谨规则制度的传统体育项目，往往因其广泛的群众基础和深刻的社会意义，在时代变迁中展现出更强的生命力和传播力。这些体育项目的快速普及与广泛传播，与社会整体进步的步伐紧密相连，反映了社会需求与体育文化发展之间的内在联系。

体育文化的选择性和传播性，实质上是社会进化的一个缩影，它体现了社会对体育文化价值的动态评估和主动塑造。在现代社会，体育不仅仅是一种竞技活动，更是一种承载着历史记忆、民族精神与现代价值观的文化载体。随着全球化进程的加快，体育文化的选择与传播正在超越单一民族的边界，形成一种全球共享的文化现象，促进了不同文化背景下的体育爱好者之间的交流与理解。

2. 融合性

体育文化的传播与演变，如同其他文化形态，同样遵循着融合的规律。历史的车轮滚滚向前，工业革命的浪潮、战争的洗礼及科技的飞跃，共同加速了体育文化的交流与融合。一方面，各民族力求守护与传承自身独有的体育文化传统，另一方面，又渴望将本土的体育文化推向世界，展现其魅力。当两种截然不同的体育文化观念相遇时，起初可能会产生摩擦与对立，但随着时间的推移，彼此开始寻求共通之处，逐渐实现交融，形成你中有我、我中有你的文化景观。通常情况下，融合过程中，较强势的文化会占据主导地位，但新兴的体育文化并不会因此失去个性，反而在吸纳传统精华的同时，彰显出民族特色。

在长期的共处与交流中，不同民族的体育文化通过相互学习与借鉴，最终凝结成一种共有的体育文化形态。这一过程看似悄无声息，实则深刻影响着民族间的融合与认同。体育文化的相互融合，不仅丰富了各民族的文化内涵，还促进了跨文化的理解和尊重，为不同背景的人们搭建了沟通的桥梁。

体育文化的融合并非一蹴而就，它是一个渐进的、双向的互动过程。在这个过程中，各民族的体育文化特色得以保留，同时又不断吸收外界的营养，形成了既有传统根基又具时代气息的新体育文化。这种文化融合，不仅体现在体育项目本身，还渗透到体育精神、规则制度、赛事组织等各个层面，使得体育文化在保持民族性的同时，展现出更加开放与包容的国际视野。

3. 双向性

体育文化传播的双向性，即持续性与连贯性体现在其对前人文化的继承与创新上，体育技能、技术的不断精进，体育设备的持续升级，以及体育制度的逐步完善，都是在现有基础上的深化与拓展。体育制度作为体育文化的重要组成部分，不仅为体育活动提供了规则框架，也是推动体育文化传承与发展的关键保障。体育文化的传播与体育运动的发展相辅相成，体育文化的广泛传播能够促进体育运动的普及与提升，而体育运动的蓬勃发展又反过来丰富和深化了体育文化的内涵。

随着社会经济的繁荣，体育文化在大众生活中的地位日益凸显，尤其在经济发达地区，体育文化已经深入人心，成为人们日常生活不可或缺的一部分。大众传播媒体，如报纸、杂志、广播、电视以及互联网，均设有专门的体育栏目，为体育爱好者提供了便捷的信息获取渠道。通过这些媒体，人们可以轻松获取各类体育赛事的最新资讯，追踪体育明星的动态，甚至参与体育文化的深度交流。

大众传播媒体在体育文化传播中扮演了重要角色，它不仅传递了体育信息，还促进了人们对体育文化的深度理解和感悟。随着社会的不断进步，人们的体育观念也在悄然变化，实现了从被动接受到主动参与、从娱乐消遣到健康生活方式的转变，体育运动正逐渐成为人们追求身心健康的有力工具。体育运动不仅能够塑造良好的体魄，还能培养积极向上的人生态度，为个人迎接社会挑战奠定坚实基础。

体育文化的传播与大众体育活动之间形成了良性互动，一方面，媒体的广泛报道激发了公众的体育热情，促进了体育文化的普及；另一方面，大众的积极参与又推动了体育产业的发展，创造了经济价值。通过举办丰富多彩的体育活动，结合体育用品的营销推广，体育产业不仅能够实现经济效益的提升，还能促进社会整体福利的增进，实现体育文化与经济发展的双赢局面。

4. 多元性

现代媒体技术的迅猛发展，将全球紧密相连，构建了一个无边界的体育文化传播平台。在这个平台上，人们的自主意识空前高涨，以往单一体育文化主导的时代已成过往。面对多样化的体育文化，摒弃孤立与对抗，采取包容与平衡的态度显得尤为重要。任何试图割裂或孤立发展的体育文化，最终都将面临衰落的命运，这促使我们必须以开放的心态，尊重并欣赏全球各地的体育传统，深入了解不同民族的体育文化精髓，加强国际间的体育文化交流，积极参与全球体育文化竞争，不断汲取来自不同地域的体育文化养分。

每一种体育文化，无论其发源于何地，都有其独特的优势与吸引力，正是这种多样性构成了体育文化生态的丰富性。通过跨文化交流与传播，不同体育文化得以相互借鉴、共同进步，从而实现自身的完善与升华。当下，媒体传播的触角遍布全球，信息的获取与分享前所未有的便捷，这要求我们在体育文化传播中秉持公平竞争的原则，保持进取精神，既要虚心学习，也要坚定守护本民族的体育文化遗产，避免盲目跟风或任其自然消亡。

在这一过程中，弘扬民族体育文化，发扬其优良传统，从全球视角审视体育文化市场，挑选适合本土发展的元素，补充自身文化的短板，是推动体育文化繁荣的关键。通过这样的方式，不仅能够增强本民族体育文化的竞争力，还能促进全球体育文化的多元化发展，实现不同体育文化间的和谐共生，共同书写体育文化全球交流与融合的新篇章。

5. 开放性

文化传播的开放性在现代社会中得到了前所未有的体现，尤其是在体育文化领域。这一开放性意味着在现代媒体的环境下，信息的获取与传播不再受限于特定阶层，而是面向所有人。文化的生成与演进离不开传播这一关键环节，而传播媒介的每一次革新，从口头讲述到文字记录、从印刷术的发明到电子通信的兴起，都深刻地影响着文化传播的效率与范围。

体育文化的传播尤为独特，它包含了体育认知、情感、价值观念、理想、道德规范、制度结构及物质层面的多元要素。在体育文化的交流与传播过程中，尽管会受到政治、经济、民族区域等因素的制约，但这些挑战并未能阻止体育文化的全球传播。科技的飞速进步，特别是信息技术的革新，加速了全球化的步伐，拓宽了世界市场，激起了各国对多元文化的强烈兴趣，体育文化的传播因此得以跨越地理边界，借助现代媒介的力量，深入世界各地。

随着人类社会的发展，人们对文化的需求经历了从生存到发展再到享受的转变，而游戏作为满足这些需求的重要形式，始终伴随着人类文明的进程。体育作为游戏的高级表现形式，不仅源于游戏，更在其基础上升华，成为人类追求健康、快乐与自我超越的重要途径。体育文化的发展与传播，与一个国家的综合国力、科技水平密切相关，科技越先进，体育文化的传播速度与影响力就越显著。

在现代社会，科学与技术的交叉融合日益加深，体育文化同样展现出强大的融合力，它能够迅速融入人们的日常生活，成为文化生活的重要组成部分。体育文化的全球开放性，意味着它能够跨越国界，连接不同文化背景的人们，促进全球体育文化的交流与融合，展现体育作为人类共同语言的魅力。

二、体育文化与传播

（一）体育文化传播载体多样

体育文化的根源深植于人类劳动与生活的实践中，它既是身体机能优化的结果，也是知识技能传承的产物。每一种体育文化都承载着特定民族的历史记忆与生活方式，形成了独特的体育文化模式，这些模式在结构与内涵上保持着自身的稳定性和差异性。现代体育文化，孕育于西方工业革命与文艺复兴的思想浪潮之中，它不仅关注个人健康与心理状态的提升，也致力于构建和谐社会，弘扬体育精神，激发公众的体育热情。

体育文化的繁荣有赖于其传播机制，传播不仅是文化共享的过程，也是文化生命力的源泉。体育文化传播遵循一般文化传播的规律，同时具备其特有的属性，它通过跨文化交流，实现了体育理念与实践的全球对话。体育文化的双向传播确保了其动态更新与持续进化，促进了体育文化生态的多样性和丰富性。

体育教育是推动体育文化发展的基石，涵盖学校体育教育与终身体育教育两个层面。教育在体育文化的传播中扮演着承前启后的角色，它既要保护和传承本土体育文化传统，避免珍贵的文化遗产流失，又要促进不同体育文化间的交流互鉴，激发创新活力。体育教育体系的完善有助于构建体育文化的传承链条，确保体育文化在代际间连贯发展。

体育文化的发展亦受益于科技进步与生产力提升。先进的体育设施与技术装备，不仅能提升运动表现，还能丰富体育体验，吸引更多人群参与体育活动。现代传播技术的应用，如互联网、社交媒体等，加速了体育信息的流通，使得体育文化能够迅速触及全球受众，增强其影响力与吸引力。

最终，体育文化的长远发展归根结底依赖于广泛的民众参与。体育运动的普及，让体育文化深深植根于社会基层，成为人们日常生活中不可或缺的部分。当越来越多的人投身于体育锻炼，体育文化便能生生不息，代代相传，成为推动社会进步的重要力量。

（二）体育文化的传播丰富其自身内涵

体育文化作为社会文化的重要组成部分，其传播过程能够反映社会的价值观念、生活方式和时代精神，对社会的凝聚力、公民的健康意识及国际间的文化交流都有着不可忽视的影响。通过传播，体育文化能够跨越地域与国界，促进不同文化背景人群之间的相互理解和尊重，从而在更广泛的层面上促进社会的和谐与进步。下面简单介绍一下传播对体育文化的几种影响：

1. 体育文化的融合

体育文化融合的本质，是不同地域、民族或国家间的体育文化通过相互借鉴、吸收与认同，最终形成一种新的、统一的文化形态的过程。这一融合过程常常受到传播的推动，传播不仅包括自然而然的文化渗透，也涉及主动的文化交流与传播。在共同生活的环境中，不同文化背景的人们不可避免地会相互影响，语言、习俗、观念等文化元素在日常互动中悄然融合，这种自然发生的文化融合是人类历史上最为常见的情形。例如，原始部落之间的文化接触，虽起于偶然，却在长久的交流中促进了文化的同质化。

然而，文化融合并不总是平和的，有时也会伴随着强硬的传播方式，但这种融合往往难以持久，因为真正的文化融合需要基于自愿与认同，而非单纯的武力征服。先进与落后之间的差距，有时会成为文化融合的驱动力，先进文化对落后文化的同化作用尤为显著。在体育文化领域，这种同化现象尤为明显，如体操的起源与发展，就体现了这一过程。

在原始社会，人们通过跑、跳、投掷、打击、游泳等活动获取生活资源，胜利后通过舞蹈等庆祝形式表达喜悦，这些活动逐渐演化为一种有规律的身体操练，即体操的雏形。随着历史的发展，体操在欧洲一些发达的资本主义国家中，被融入军事训练，以强化士兵的身体素质。在这一过程中，体操不再局限于简单的形体训练，增加了使用轻器械的全身力量训练，这种融合不仅提升了体操的实用性，也促进了体操运动的广泛传播与普及，使其在全球范围内焕发新的活力。

2. 体育文化的增殖

文化的增殖，即文化放大现象，指的是在传播过程中，文化内涵或影响力的扩展与深化，这可以体现为受众群体的扩大，也可以是文化意义的丰富与创新。这一过程往往得益于传播媒介的催化作用，它们不仅增加了文化传播的数量，也提升了传播质量。传播量的增长意味着信息覆盖范围的扩大，得益于现代通信设备如电话、电报、电视及卫星通信的发展，信息的传播速度与效率达到了前所未有的水平，使得地方性事件能够瞬间成为全球关注的焦点。

文化增殖的质变，则体现在信息传播过程中意义与价值的扩展，即不同文化融合后所产生的创新与变革。例如，中国传统文化的全球传播可能性取决于文化本身的内涵、传播策略、媒介渠道及受众的接受度。如果传播的文化内容陈旧或缺乏吸引力，其增殖的可能性将大大降低。因此，文化价值是决定其能否在传播中实现增殖的关键因素。

受众对文化增殖的影响同样重要。当一种文化跨越文化边界，进入新的文化圈时，它必须与当地文化相适应，这通常会导致原有文化出现意义的转变与扩展，从而产生增殖现象。以体育文化为例，随着游泳运动的普及，人们开始追求更多样化、更富趣味性的水上运动项目，这种需求的产生正是体育文化增殖的体现，它反映了体育文化在传播过程中对新环境的适应与创新。

3. 体育文化的积淀

文化，作为一种社会现象，是人类通过符号系统记录与传承的历史经验与知识的集合。这些符号，无论是语言、文字、图像还是行为模式，都承载着人类社会的记忆与智慧。随着时间的推移，这些符号的累积形成了深厚的文化底蕴，它们的持久性远远超过了个体生命的周期，文化财富的积累往往跨越数百年乃至数千年，见证了人类文明的演变。

文化的积淀，即文化的积累与深化，是一个长期且动态的过程，它需要通过代际间的传播来实现。文化的传承不仅仅是对过去的复制，而是一个选择性、批判性与创新性的过程。在传承中，某些文化元素可能被保留和强化，而另一些则可能被淘汰或淡忘，这一过程反映了社会发展的需求与价值取向。传播将社会对文化的需求转化为现实，推动了文化的变革与进化。

体育文化，作为文化的一个重要分支，同样遵循这一积淀与传承的规律。以现代竞技体育为例，每一项运动的发展都是一部积淀与创新的历史。以排球运动为例，它起源于美国，最初仅仅是一项简单的球类游戏，经过时间的洗礼与规则的不断优化，逐渐演变为一项组织严密、规则全面的现代竞技运动。这一过程体现了体育文化如何通过积淀与传承，不断适应社会发展的需求，最终成为现代社会文化的一部分。

4. 体育文化的变迁

文化变迁，即社会文化特质、模式与结构的转变，是人类社会发展的必然现象。中国历史上的五四运动便是文化变迁的典型例证，它不仅倡导新文化、民主与科学，更对封建旧文化进行了深刻的批判与革新，从而推动了中国近代社会的文化转型。这一历史进程中的文化变迁，很大程度上得益于西方科学民主思想的传播与影响，没有这些先进理念的引入，五四运动的兴起及其后续的社会变革将难以实现。传播在此过程中发挥了关键作用，它不仅输送了新的思想观念，还促进了社会的觉醒与进步，为新民主主义文化和社会主义文化的形成奠定了基础。

体育文化，作为文化的一种独特表现形式，拥有不可替代的社会价值与功能。它不仅是一种身体活动，更是一种促进个体全面、自由与和谐发展的社会实践活动，旨在实现人的身心完美发展，促进个体人格与社会人格的和谐统一。体育运动，通过其特有的文化价值，为参与者提供了身心锻炼的机会，增强了社会凝聚力，促进了公平竞争与团队合作精神，从而在个人成长与社会进步中扮演着不可或缺的角色。

（三）传播促进体育文化的快速发展

传播，作为人与人、人与社会、社会与社会之间文化信息交流的核心机制，贯穿于分享、增殖、变迁、冲突、调适与控制等各个环节。对传播的理解深度，决定了我们如何看待从分享到控制的全过程。分享，本质上是接纳并利用他人的成果，为个体或社群的生存与发展注入新的活力。而控制，则往往表现为维持现状，抵制同化的力量，从受传者角度看，是捍卫自身文化免受侵蚀，从传播者角度看，则可能强化文化占有上的不平等。这一矛盾在文化传承与发展中普遍存在，唯有当传播转向互惠互利、相互支持，而非单纯控制时，文化的传播才能真正达到和谐与有序的状态。

体育文化，作为人们对于体育运动的共同认知、情感与理解的集合，其最显著的特征在于群体性。体育运动项目大多需要团队协作，不仅满足了人际交往的基本需求，还为个体提供了展现自我、融入集体的平台，促进了人性归属感的形成。体育运动在促进身心健康的同时，也加深了人与人之间的联系，为社会和谐提供了重要支持。

传播对体育文化的发展起着至关重要的作用。体育文化的推广与普及，依赖于有效的传播机制，通过媒体、教育、社交平台等多种渠道，体育文化得以跨越地域与国界，触及更广泛的人群。传播不仅提高了体育文化的知名度，还激发了公众的参与热情，使体育文化成为人们日常生活中不可或缺的一部分。通过传播，体育文化能够适应社会变迁，不断吸收新元素，实现自我更新与进化，最终促进体育文化的繁荣与发展。

1. 从传播学角度分析传播对体育文化的作用

（1）社会观察的作用

通过全方位的社会观察，媒体能够提供丰富的体育新闻、专业评论和详尽的技术统计数据，这一过程有效地将不同地区的体育文化相互链接，促进了信息的交流与传播。人们借此可以从直观的视角深入了解各地的体育文化特色，增进跨地域的体育文化交流，进而推动体育文化的整体发展与繁荣。这种信息的互联互通，不仅丰富了公众的体育知识，也激发了更广泛的社会参与，为体育文化的持续创新与多元化发展提供了动力。

（2）信息加工的作用

媒体在体育文化传播中的角色至关重要，它不仅能够广泛传播体育信息，还能对这些信息进行筛选、解读和重组，从而对体育文化产生深远影响。对于体育活动而言，其内容的公开性和透明度较高，很少有需要刻意回避的领域。媒体在报道体育文化时，往往能够明确表达其立场，无论是支持、反对，还是褒扬、批评，这种态度的传递对体育文化提出了高要求，促使体育文化不断自我净化，保留最精华的部分，剔除不合时宜或负面的元素。

（3）媒体报道的作用

通过媒体的连续性和完整性报道，大众体育运动能够获得更广泛的曝光，吸引更多的民众参与其中，进而推动体育文化的普及和深化发展。这种传播方式不仅提升了体育运动的公众认知度，还激发了社会各界对体育文化的兴趣与热情，促进了体育活动的多元化和体育文化的丰富性。

（4）互动的作用

互联网的诞生，无疑为信息传播带来了革命性的变化，它不仅促进了信息的多元化，还催生了舆论的百花齐放。在这样一个开放的平台上，体育文化能够从多维度、多视角被展现和解读，通过各种新颖的形式和手段迅速扩散至全球的每一个角落。体育文化的市场化趋势，使得各行各业开始重视体育，关注健康，企业通过赞助体育赛事或活动，不仅能够提升品牌形象，还能借助体育文化的广泛影响力，有效推广自身产品，形成体育与商业的良性互动。

在信息时代，体育文化的发展与互联网的深度融合，改变了人们的生活方式和认知模式。无论是在线观看体育赛事直播，还是参与线上健身课程，抑或通过社交媒体分享运动体验，互联网都极大地丰富了体育文化的传播途径和参与方式，使得体育文化更加贴近大众，更具互动性和个性化。这种变化不仅提升了体育文化的传播效率，还促进了体育文化的创新，为体育文化的全球化和个性化发展开辟了广阔的空间。

2. 传播媒体在影响和促进体育文化发展方面的作用

（1）促进观念转变

随着社会的不断进步，传播媒体在体育文化的普及与深化中扮演了至关重要的角色。媒体的广泛报道与深入剖析，不仅极大地丰富了公众对于体育文化的认知，还激发了人们主动参与体育活动的热情。在媒体信息熏陶和个人参与体验的双重影响下，大众逐渐领悟到体育运动与健康生活方式之间的内在联系，体育的创新精神与健康追求被紧密地结合在一起，共同塑造了现代体育文化的鲜明特色。

受众在这一过程中逐渐树立了科学的体育观，他们开始认识到，随着社会的快速发展，对个人的综合素质提出了更高要求。体育运动不仅能够强健体魄，提升身体素质，还能够塑造积极向上的心态，增强应对社会挑战的能力。因此，参与体育活动被视为提升个人竞争力，促进身心健康，以及培养团队精神与合作意识的有效途径。体育价值观的合理定位，使人们更加珍视体育运动在个人成长与社会进步中的积极作用，体育文化因此得以在更广泛的层面上传播与弘扬，成为推动社会和谐发展的重要力量。

（2）激发参与热情

观念的转变是推动社会行为变迁的关键因素，当人们开始重新审视体育运动的价值，将其视为健康生活不可或缺的组成部分时，这种观念上的变化便能激发公众积极参与体育活动的热情。在科技发达与经济繁荣的地区，体育运动已成为人们日常生活的重要内容，据统计，定期参与体育锻炼的人口比例高达50%。而在发展中国家，随着生活水平的提升和健康意识的增强，越来越多的民众开始将体育运动纳入日常生活中，参与体育锻炼的人数呈现稳步上升的趋势。

据相关调查显示，我国当前经常参与体育活动、并对体育新闻保持高度关注的人口比例已超过32%，这一数字还在持续增长中。这不仅反映了传播媒体在普及体育知识、提升公众体育兴趣方面的重要作用，也彰显了体育文化事业在国家政策与社会需求的双重推动下，正迎来前所未有的发展机遇。随着更多人加入体育运动的行列，体育文化将进一步渗透社会的各个层面，成为推动国民健康、社会和谐与文化繁荣的重要力量。

（3）刺激投入和消费行为

传播媒体在推动体育文化发展中扮演着不可或缺的角色，它不仅提升了公众对体育价值的认知，还激发了社会各界对体育设施建设和体育消费的热情。政府与民间的共同投入，使得体育设施不断完善，体育消费市场日益繁荣。人们为了满足对体育知识的渴求，纷纷购买相关书籍、订阅体育报刊、购置运动装备，甚至利用互联网平台获取最新体育资讯，这一系列行为不仅丰富了个人的体育文化生活，也直接促进了体育产业的壮大和体育文化的传播。

传播媒体与大众体育之间形成的良性互动，实现了双赢的局面。一方面，媒体通过设置引人入胜的体育栏目，吸引了大量观众和读者，不仅扩大了自身的影响力，也为体育产业带来了可观的经济效益，同时提升了社会的整体福祉。另一方面，体育文化通过媒体的广泛传播，让公众对体育的内涵、作用和功能有了更深刻的理解，体育观念的转变进一步激发了民众参与体育活动的积极性，体育锻炼成为塑造个人品格、提升生活质量的重要途径。这种正向循环，不仅推动了大众体育与竞技体育的共同发展，也深化了体育文化在社会中的根基，展现了传播媒体对体育文化深远的影响力。

第二章 学校体育文化建设

第一节 数字化校园体育运动文化

一、数字化校园体育文化

(一) 数字化校园体育文化的结构

通过采用虚拟技术结合模块分析法，校园体育文化体系可以被细化为知识学习能力、健身能力、终身体育能力及体育欣赏能力四大模块。借助校园互联网系统，这些模块能够得到有效整合与推广，进而实现体育文化在学生群体中的全面覆盖和基础普及，为培养学生的综合体育素养提供有力支撑。

(二) 实现校园体育文化数字化的虚拟技术

1. 数据库设计

依托校园网，采用 Microsoft SQL Server 2022 数据库系统为设计后台，利用 ODBC（Open Database Connectivity，开放式数据库连接）数据源连接 Web 应用程序。

2. 客户端和服务器端 Web 程序设计

为了确保学生在使用数据库互动功能时提交的数据信息既完整又可靠，系统设计中采用了前端与后端的双重验证机制。在客户端，通过嵌入 Java Script 脚本程序实时检查用户输入数据，即时反馈错误信息，避免无效或格式不符的数据提交。而在服务器端，系统采用 JSP（Java Server Pages）语言开发相关应用程序，这些程序由 Tomcat 服务器负责解析和执行。此外，系统通过 ODBC（Open Database Connectivity，开放式数据库连接）数据源与后端数据库建立连接，实现数据的存储与检索，确保整个数据处理流程的安全与高效。这种前后端协同工作的架构，有效提升了系统数据交互的准确性和用户体验。

3. 系统功能模块

构成系统互动功能模块的结构主要包括三个子系统：后台管理子系统、知识检索互动子系统、个性化体质监测服务子系统。

（1）后台管理子系统

后台管理子系统由用户管理子模块、IP 访问控制管理模块和数据资源传输管理模块三部分组成，它们共同承担了系统用户信息管理、数据资源的更新维护及用户访问权限控制的关键功能，确保了系统运行的高效性和安全性。

（2）知识检索互动子系统

知识检索互动子系统聚焦于知识学习能力、健身能力、终身体育能力与体育欣赏能力四大核心领域，通过集成虚拟技术平台，学生能够访问并互动于一个丰富的体育多媒体资源库。这一资源库涵盖了体育理论、人体科学、运动技术、运动医学、体育美学及竞技体育赏析等多元化内容，通过数据库的精细分类，满足了学生对体育知识的个性化探索需求。学生可以根据兴趣与学习目标，自主选择学习材料，进行深度学习与实践，这不仅促进了体育知识的普及与深化，也成为大学生自主学习体育文化知识的重要渠道，有效提升了他们的体育素养与终身体育意识。

（3）个性化体质监测服务子系统

基于虚拟技术构建的体育文化资源互动系统，其独特之处在于它超越了传统校园知识数据资源系统的范畴，深度融入现代多媒体技术，将人机互动置于数据库设计的核心位置。该系统巧妙地结合了计算机模拟技术与实际运动体验，旨在为学生提供一个全方位的体育学习环境，不仅能够指导学生的体育学习，还能协助他们进行自我监测，培养自主学习能力和终身体育的习惯。

通过模拟互动数据库，学生可以在整个学期中灵活安排体育理论学习与考核，不受时间地点的限制，这不仅极大地扩展了自主学习的空间，还显著提升了学生在学习与考核过程中的主动性和积极性。系统提供的定制化学习路径，让学生能够根据自身进度和兴趣，深入探索体育文化，实现个性化成长，为未来的终身体育活动奠定坚实的基础。这种创新的学习模式，不仅促进了体育知识的传播，还激发了学生对体育活动的热情，为构建健康、活力的校园文化做出了积极贡献。

二、校园体育运动文化

（一）篮球运动文化

1. 篮球运动的起源与发展

是由美国马萨诸塞州斯普林菲尔德基督教青年会训练学校（现译名为美国春田大学）的体育教师詹姆斯·奈史密斯博士发明的。起初，奈史密斯将两只盛桃子用的篮子分别钉在学校体育馆二楼走廊两边的护栏上，桃篮上沿距离地面3.05米，用足球作比赛工具，向篮子投掷。后来才形成近似现代的篮板球、篮圈和篮网，为了完善篮球这一新生运动项目，他制定了18条规则，后逐步修改和增加条款，出场人数也逐渐减少，直至规定每队5人，这才成为现代的篮球运动。篮球运动是以投篮、上篮和扣篮为重点的对抗性体育运动之一，可以增强体质。

2. 篮球运动的特点与价值

篮球是一项综合性的高强度运动，通过跑、跳、投等动作，在严格的规则下进行集体对抗，不仅能全面提升参与者的神经反应、力量、速度、耐力和灵敏性，还涉及复杂的技术与战术运用。

3. 篮球的基本规则

（1）比赛时间、得分与延长赛

①比赛结构：比赛由 4 节组成。

②节间休息：第一节与第二节、第三节与第四节之间的休息时间是 2 分钟，在每节延长赛之前也有 2 分钟的休息时间。

③半场休息：中场休息时间，即第二节和第三节之间的休息时间，为 15 分钟。

④赛前准备：在比赛正式开始前，会有 20 分钟的休息时间供球队做最后的准备。

⑤延长赛：如果第四节结束时两队得分相同，则需要进行每次 5 分钟的延长赛，直至决出胜负。

⑥比赛结束时的犯规与罚球：如果在比赛即将结束时发生了犯规，并且计时器几乎同时响起，那么罚球将在比赛结束后立即进行。

⑦延长赛前的罚球：如果上述的罚球导致比赛需要进入延长赛，那么在比赛时间正式结束后的任何犯规，将被视为发生在比赛休息时间内，罚球应在延长赛开始前执行。

（2）每节或比赛的开始与结束

①第一节的开始：第一节开始于跳球，当裁判员将球抛向空中，被其中一位球员合法拍拨时，比赛正式开始。

②其他节的开始：除了第一节，其他各节比赛开始于发界外球（掷界外球）。当球触及场上的一位球员或被该球员合法触及时，该节比赛开始。

③球队人数：一支球队必须至少有 5 名球员在场上才能开始比赛。如果一队出场球员不足 5 人，比赛则不能开始。

④下半场球篮互换：在所有比赛的下半时（通常是第三节和第四节），两队应该互换防守的球篮，以确保公平性，因为场地的光照、风向等因素可能会影响投篮。

⑤延长赛的进攻方向：所有的延长赛应继续沿用第四节的进攻方向。这意味着球队不需要在每个延长赛开始时更换他们要攻守的球篮，除非比赛再次进入半场休息，此时应再次交换球篮。

（3）球的状态

球分为活球或死球。

一是遇下列情形，球成活球：

①跳球时球的合法拍拨：在跳球开始第一节时，当球被裁判员抛向空中并被其中一位跳球员合法拍拨时，比赛正式开始。这意味着跳球员必须在球达到最高点后才能触球，否则将被判违规。

②罚球时球的放置：在罚球中，球必须被置于罚球员可处理的位置，通常是在罚

球线的后方，由罚球员控制。这表示罚球员可以在没有干扰的情况下拿起球并准备罚球。

③发界外球时球的放置：当需要发界外球（掷界外球）时，球必须被置于发球员可处理的位置，通常是在边线或底线外，发球员可以站在任意位置将球传入场地。

④界外球的定义与处理：当球完全穿过边线或端线（不包括界线上方的空间），或者球接触到了场外的任何物品或人员时，会被判定为界外球。此时，裁判会停止比赛，然后将球交给未使球出界的队伍，从界外重新开始比赛。

二是遇下列情形，球成死球：

①投篮合法中篮后的哨声：当一次投篮合法地进入篮筐后，或者在活球状态下需要中断比赛时，任何一位裁判员都可以鸣哨来暂停比赛，比如在一次进球后，裁判可能需要鸣哨以确认得分有效，并让双方球队准备下一波进攻。

②罚球时的球确定不能中篮：在罚球过程中，如果罚球员的投篮明显不可能进入篮筐（例如，球明显偏离篮筐方向），并且此次罚球后还有更多的罚球机会，裁判可以提前终止这次罚球，以便比赛能够更高效地进行。

③每节结束时的计时钟信号响起：每当一节比赛的时间耗尽，计时钟会响起信号，这标志着该节比赛的正式结束。此时，比赛将暂停，球队可以进行短暂的休息和战术布置。

④24秒信号响起：在篮球比赛中，每支球队拥有24秒的时间完成一次进攻。如果在控球期间，24秒信号响起，意味着该队未能在规定时间内尝试投篮，此时将失去球权，球权将被转移给对方球队。

⑤投篮后球在空中被触及：如果在一次投篮后，球在空中飞行的过程中被任何一名球员触及，这将取决于触及球的具体情况。如果球已经明确地在下落路径上且不会进入篮筐，那么触及球可能被认为是合法的；但如果球有可能进入篮筐，触及球则可能被视为干扰球，依据具体规则可能会被判无效或给予对方球队得分。

三是出现下列情况不成死球，投中有效：

第一，投篮时，球在空中，且：

①任一裁判鸣哨。

②每一节结束计时钟信号响起。

③24秒信号响起。

第二，罚球时球在空中，任一裁判鸣哨而非主罚球员本身违规时。

（4）跳球与球权轮替

①跳球的定义：裁判员站在中圈，在两个不同队的球员之间将球抛起，这个过程被称为跳球。这是比赛第一节开始的方式，或者是当裁判无法明确判断球权归属时的解决方法。

②跳球的合法性：跳球只有在球被两位跳球员中的一个或两个人合法拍拨后才被视为有效。这意味着球必须先被跳球员触碰，比赛才能正式开始。

③跳球员的位置：两位跳球员应该双脚站立在各自距离本方篮筐较近的半圆内，

一只脚靠近两者之间的线，这样可以保证公平和安全。

④裁判员的动作：裁判员会将球垂直向上抛起，球的高度应超过两位跳球员跳起来所能达到的高度，以确保球在两人之间落下，提供一个公平的争夺机会。

⑤球的拍拨：当球达到最高点后，它必须被两位跳球员中的一个或两个人合法拍拨，以开始比赛。

⑥跳球员不得提前移动：在球未经合法拍拨之前，跳球员不得离开他们的起始位置，这确保了跳球的公平性。

⑦跳球员的限制：跳球员不得直接接住球，他们最多只能拍球两次。在第二次拍球后，如果没有触及其他八位非跳球员中的任何一人、地板、球篮或篮板，跳球员不得再次触球，以避免优势过大。

⑧跳球的情况：跳球会在以下几种情况下发生：

A. 比赛的第一节开始。

B. 在比赛的任何阶段，当裁判无法明确判定球权归属时，例如球同时被两名球员触碰出界，或在其他争球情况中：

一是宣判争球时。

二是球出界，分不出球是哪一队时。

三是最后一次或仅只一次罚球未中篮，双方球员违例。

四是球成活球时，球停搁于篮圈架上。

五是球成死球时，无任何一队控制球或拥有球权。

⑨球权轮替：

一是以发界外球取代跳球。

二是在发生跳球状况最近之界外处发球。

三是第一节开始跳球后，未获活球控球权的队伍，开始球权的轮替程序。

四是每一节结束时，赋予下次球权轮替程序的球队，于下一节开始时，在记录台对面中线延伸线处发界外球。

五是球权轮替：

A. 当球置于发球员可以处理的位置时，球权轮替开始。

B. 当下列情况时，球权轮替结束：

第一，球触及场上一位球员或被场上一位球员合法触及；

第二，发界外球的队伍违例；

第三，发界外球时，活球停搁于篮圈架上。

（5）中篮与计分法

①中篮定义：当一个活球通过篮圈上方进入篮筐，无论是停留在篮筐内还是从篮筐中落下，这种情况称为"中篮"。

②得分判定：

A. 罚球中篮得 1 分。

B. 在二分投篮区域内投篮中篮得 2 分。

C. 在三分投篮区域内投篮中篮得 3 分。

D. 对于最后一次或仅有的罚球，如果球在触及篮圈后，被进攻或防守球员合法触及并进入篮筐，该次投篮同样算作 2 分。

③乌龙球：如果一名球员意外地将球投入自己的篮筐，这个进球算作 2 分，并记录在对方队长的名下，作为对方球队的得分。

④故意自投乌龙：如果一名球员故意将球投入自己的篮筐，则这是一种违例行为，这种进球不会计入比分，也不会记录在任何球员的得分上。

⑤非法进球：如果一名球员在比赛中用手或手臂使整个球体从篮圈下方穿过篮圈，这将被视为违例，这种进球不会被计入比分。

（6）发界外球

一是发球应站在裁判指定正确位置上发界外球，并由裁判递交球给发球员。

二是发球员发界外球时，不得：

①违反 5 秒规则：当一名球员发界外球时，他/她必须在接到裁判递来的球后 5 秒内将球发出。如果超过 5 秒球仍未离手，将被判违例，球权将被转给对方球队。

②不得踏进场内：发界外球的球员在发球的瞬间不得踏进场内。一旦任何身体部位越过了边界线，即视为违例。

③球不得触及界外或篮架：发球后，球不得再次触及界外地面，也不能停在篮圈支架上，或者在没有触及场内任何球员的情况下直接进入篮筐。这些都是违例情况。

④不得在球触及他人前再度触球：发球球员在球离手后，不得在球触及任何其他球员之前再次触球。这确保了比赛的公平性，防止发球球员利用发球机会直接控制球。

⑤不得发球越过篮板：发球球员不允许将球直接越过篮板传给场内球员，因为这可能造成不公平的情况，也可能干扰到比赛的正常进行。

⑥发球位置限制：发球球员在发球时，不得在发球地点横向移动超过一个正常的步幅，大约是 1 米。此外，在球被传出之前，发球球员也不得向裁判指定的方向以外的任何方向移动。

三是其他球员，不得：

①在球体未越过界线前，身体任何部位不得越过界线。

②场外障碍物离界线不足 2 厘米时，与发球员至少要有 1 米的距离。

（7）请求暂停

①暂停请求：教练或助理教练有权请求将比赛暂时停止，通常通过向裁判员做出特定的手势或大声喊叫"暂停"来实现。

②暂停时长：每次暂停应给予 1 分钟的时间，让球队有机会进行短暂的休息和策略讨论。

③允许请求暂停的情况：

A. 一般情况下，教练或助理教练可以在比赛的任何死球状态下请求暂停，只要他们的球队有剩余的暂停次数。

B. 在第四节或任何延长赛的最后 2 分钟内，如果比赛正在进行中，只有防守球队在球出界或罚球后才被允许请求暂停。

C. 在中场结束和第四节结束时，无论哪支球队控制球，教练都不允许请求暂停。

D. 在比赛的最后几分钟，某些联赛如 NBA（美国男子职业篮球联赛）有额外的限制，比如在最后两分钟内，如果暂停请求过于频繁，可能会被拒绝，以防止拖延比赛。

一是球成死球、计时钟停止，且裁判向记录台工作人员联系完毕后。

二是对队投篮得分。

④每队在上半场时允许请求 2 次暂停，在下半场时允许请求 3 次暂停，每一次延长赛可请求 1 次暂停。

⑤未使用的暂停不得移到下半时或延长赛使用。

⑥第一次罚球或仅只一次的罚球，继续比赛时，不得允许球队请求暂停，直到经一段开赛时间之后再成死球时，才允许暂停。例外：

一是在执行罚球中间发生犯规。在此情况下，应先完成罚球，并在执行新的罚则继续比赛前，可请求暂停。

二是在执行最后一次罚球后，继续比赛前发生犯规。在此情况下，应先给予暂停，再执行新的罚则继续比赛。

三是在执行最后一次罚球后，继续比赛前宣判违例，其罚则为跳球或发界外球时。

⑦第四节或每一次延长赛最后 2 分钟，球中篮得分计时钟拨停时，得分队不得请求暂停，除非裁判已停止比赛。

（8）球员替补

①替补员入场前，应先向记录员报告，并准备即刻参与比赛。

②在下列情况，球员替补时机开始：

一是球成死球且停表时，裁判与记录台工作人员联系完毕之后。

二是第四节或延长赛最后 2 分钟，球中篮得分，非得分队请求球员替补。

③替补手续应尽速完成，一位球员 5 次犯规或夺权犯规时，必须尽速完成替补（约 30 秒），若裁判认为该队无理延误时，应宣判该队暂停 1 次。如果该队已无暂停机会，则应宣判教练技术犯规 1 次。

④主罚球时仅该罚球员可被替补，但必须符合下列规定：

一是第一次罚球或仅有一次的罚球的继续比赛之前所请求者。

二是最后一次或仅有一次的罚球罚中，球成为死球时。

⑤下列情况主罚球员应被替补下场：该球员受伤；该球员已 5 次犯规；该球员已被取消资格。

（9）球队弃权判没收比赛

①迟到或人数不足

A. 如果在比赛预定开始时间后 15 分钟内，球队未能到场或到场球员少于 5 人，该球队会被视为弃权。这表明球队没有准备好按照规定的时间和条件参与比赛，从而妨碍了比赛的正常进行。

②拒绝出场比赛

B. 即使球队已经到达比赛场地，但如果在裁判指示比赛开始后，球队拒绝出场比赛，这也是一种弃权行为。这种行为违反了比赛规则，干扰了比赛的顺利进行。

当一支球队被判弃权时，其后果通常包括：

C. 对手自动获胜，比分通常记录为 20：0。这个比分只是一个象征性的结果，表示获胜方无须通过实际比赛就获得了胜利。

D. 弃权的球队在积分榜上不会获得任何积分，而获胜的队伍根据联赛规则可能获得相应的胜场积分。

（10）人数不足判定失败

①人数不足导致失败

如果在比赛中，一个球队在场上的球员数减少至少于 2 人，这支球队将被立即判定为失败。这意味着比赛将不再继续，并且该队将被视为无法继续参与比赛。

②比分处理

当获胜队伍的得分较多时，中止比赛时的分数是有效的。也就是说，如果比赛因一方球员人数不足而终止，但另一方领先，那么领先一方的得分将被记录下来。

反之，如果比赛因一方人数不足而中止，且此时双方得分接近或不足一方落后，官方记录会将比分设定为 2：0，以示对队获胜。而人数不足的一队在未来的积分统计中只能得到 1 分，这通常是为了体现他们在比赛中至少有出场参与。

③主客场系列赛

在采用主客场两回合制的系列赛中，如果在第一场或第二场比赛中，一个队伍被判罚人数不足，那么该队伍将输掉整个系列比赛。即使在第一场比赛中获胜，如果在第二场比赛中出现人数不足的情况，整个系列赛也会判为对手获胜。

4. 篮球技术

（1）直线运球技术

上体稍前倾，目平视；五指张开，手指与手指根部触球，手心空出；球落于同侧脚前外约 20 厘米处；手脚协调配合，运球一次，跑两到三步。直线快速推进时五指张开，推球正后上方于体侧前，根据跑动速度调整球的落点与用力大小。

重点：手部动作与脚步动作协调配合。

（2）原地双手胸前传接球（含反弹传球）

在篮球中，正确的传球姿势和技巧是非常重要的，下面是一段描述标准双手胸前传球动作的说明：

当你准备进行双手胸前传球时，首先，身体应该保持基本的站立姿势，双脚分开与肩同宽，膝盖微弯，以保持平衡和稳定。接着，双手手指自然分开，拇指相对形成一个八字形，使用指根以上的部位握住球，确保手心空出，这样可以更好地控制球而不至于滑脱。同时，你的两肘自然弯曲，将球置于胸腹之间，保持球的稳定。

在传球的瞬间，后脚（通常是支撑脚）蹬地，同时身体的重心顺势前移，这为传球提供了必要的力量。随着后脚的蹬地，前臂迅速向传球目标的方向伸直，拇指用力下压，手腕轻微外翻，这有助于球的旋转和方向控制。最后，主要依靠拇指、食指和中指的力量将球推出，这三根手指是传递球的主要动力来源。

整个传球过程应该流畅且有力，确保球能够准确地传达到队友手中。练习时，注意观察球的飞行轨迹，调整手腕和手指的力量，以提高传球的准确性和力度。这种传球方式在篮球比赛中非常常见，因为它既快速又精准，适合在防守压力下迅速转移球权。

（3）原地单手肩上传球

在进行篮球的单手肩上传球时，以右手为例，初始站姿为双脚并立，双手持球于胸前。传球时，左脚先行迈出半步，引导身体转向传球方向，同时将球引至右肩上方，此时右臂肘部外展，上臂大致与地面平行，手腕后仰，右手掌心向下托住球，左肩正对传球方向，身体重心落在右脚上。发力时，右脚蹬地，身体转体，前臂迅速向前挥摆，伴随手腕的前屈，主要通过食指和中指拨球，将球有力地传出。球出手后，身体重心随之前移，右脚向前跨出半步，这一系列动作使得传球具有较大的力量、较快的速度和较远的距离。

练习：

①2 人或 3 人一组 1 球，相距 3 米传球。

②4 人一组传 2 球。

③4 人一组 1 球，1 人抢球，其他 3 人进行双手胸前传球（反弹）、单手肩上传球，依次轮流练习。

（4）行进间双手胸前传接球

侧身跑动，注视传球队员，双手伸出准备接球，球传出后快速向前跑或与同伴保持平行。

要求：跑动积极，传球高度、力度适当。

练习：2 人一组 1 球，沿球场的右侧运球至篮下，然后从左侧运回。

（5）原地单手肩上投篮

在进行篮球的右手肩上投篮时，正确的姿势和动作非常重要。首先，右手手指自然分开，手心空出，使用指根以上的部位稳稳持球，而左手则轻扶在球的左侧，起到辅助和平衡的作用。右臂处于屈肘状态，将球置于右肩上方，这时前臂与地面接近垂直，形成了一个稳定的投篮准备姿态。两脚可以采用前后或左右开立的站位，双膝微屈，这样可以更好地保持身体平衡，同时将身体的重心均匀分布于双脚之间。

在投篮过程中，眼睛应当始终注视着篮筐的瞄准点，以确保投篮的准确性。下肢需要先进行蹬地发力，为投篮动作提供足够的动力，随后向前上方抬肘并伸直手臂，这个过程中，手腕需要有一个明显的下压动作，帮助控制球的弧度和旋转。在球即将离开手的瞬间，食指和中指要用力拨球，通过指端的细微控制，将球精准地投向篮筐。与此同时，身体随着投篮动作自然向上伸展，脚跟微微提起，这样可以增加投篮的高度和力量，提升投篮的成功率。

要求：全身用力连贯、协调，球出手弧度要高。

易犯错误：肘关节没有充分上抬，手腕过分后屈，球出手时手腕没有下压，拨球手指错误，全身用力不协调。

练习：

①2人或3人1球相距3米做投篮的模仿动作。

②分两列站立，一边投篮，另一边抢篮板接球至排尾投篮。

（6）运球急停和接传球急停跳起投篮

运球急停：当球员在行进间运球时，突然降低身体重心，迅速按拍球的前上方，执行急停动作。在急停过程中，球员保持原地运球，眼睛看向前方，上体前倾，双膝弯曲，前脚尖内扣，准备随时改变方向或进行下一步动作。急停后，当需要急起时，后脚迅速蹬地，同时上体前压，按拍球的后上方，借助腿部和腰部的力量突然向前加速跑动运球。该技能的特点在于动作突然、启动速度快、线路多变，能够有效地摆脱防守，增强进攻的威胁性。

接传球急停跳起投篮：在快速移动中接球时，球员可以使用跨步或跳步急停，迅速降低重心，双膝弯曲，准备跳起投篮。在急停的同时，球员突然向上跳起，同时双手举球至头部上方，当身体跳至最高点时，前臂向前上方伸展，手腕前屈，通过食指和中指的拨动将球投出。该投篮方式的特点在于速度快、动作突然，往往令防守者难以及时反应，因此非常难防，具有很强的攻击力。

练习：

①沿球场端线、边线做运球急停急起。

②2人一组1球，一人运球做急停急起，另一人防守，互相交替练习。

③3人一组1球，其中一人传球，另外两人依次接球做急停跳起投篮模仿练习。

④分两组，一组急停跳起投篮，另一组抢篮板。

（7）行进间单手高手投篮

在进行行进间投篮时，可以采取以下步骤：向前跑动或运球前进时，右脚先跨出一大步并同时接球，紧接着左脚跨出一小步并用力蹬地起跳。在空中，将球举至肩上高度，当身体接近跳跃的最高点时，右臂向前伸直，伴随着手腕的前屈，主要通过食指和中指的力量拨球，最终通过指尖将球柔和地投出。这种投篮技巧结合了速度、力量和精确度，是突破防守后有效得分的方式之一。

练习：半场行进间单手高手投篮；行进间接传球单手高手投篮。

（8）滑步移动技术

交叉步突破：准备时，两脚开立，屈膝降低重心，持球于胸腹之间。突破时，左脚先向左侧跨步并配合身体左侧的假动作，随即左脚前脚掌内侧迅速蹬地，向右前方跨出一大步，同时上体右转，左肩前探下压，右手推球后上方使其着地，接着中枢脚蹬地向前跨出，迅速超越防守者。

顺步突破：突破时，先做向前虚晃向左的假动作，然后左脚前脚掌内侧迅速蹬地，右脚快速向右前方跨出一大步，上体向右转并前压探左肩，重心跟进，右手运球，左脚随后迅速向右前方跨步，以此突破防守者。

要求：动作协调，严禁走步。移动时注意保持身体重心的高度与平衡，注意脚掌着地时的部位。

练习：沿球场边线依次做各种移动。

（9）传切配合

传切配合是指进攻队员将球传给同伴后，摆脱对方的防守切入篮下，接着传球进攻投篮的一种简单配合方法。

要求：切入队员要善于把握时机，对方防守紧时，要用假动作或改变动作方向，迅速摆脱防守者，从而切入篮下。

练习：一人做固定防守队员，另一人传球给教师，然后通过假动作晃过固定防守队员向篮下切入，同时侧身接教师传球上篮。

（10）侧掩护配合技术

侧掩护配合技术是指掩护队员站在同伴的防守者侧后方，用身体挡住防守者的移动路线，使同伴得以摆脱防守的一种方法。

要求：掩护时，动作要合理，避免造成犯规，要掌握好掩护的时机。持球突破的队员尽量不要暴露突破的意图。

练习：4人为一组模仿练习，然后互换再练习。半场2对2攻防实战练习，可以加入传切配合。重点要体会战术配合的过程。

（11）穿过、绕过、关门防守技术

在篮球防守中，穿过、绕过和关门是针对对手掩护战术的三种重要防守策略，它们旨在破坏对手的进攻组织，阻止或延缓对方的进攻。下面是这些防守配合的详细说明：

①穿过

方法：当进攻方设置掩护时，负责防守掩护者的防守队员会后撤一步，为自己的队友创造空间，让队友可以从掩护者和自己之间穿过，继续防守住各自的对手。

要求：防守掩护者的队员要及时提醒队友，并主动让路，穿过队员需要快速调整防守位置和距离，以维持对对手的有效防守。

②绕过

方法：面对即将形成的掩护，防守掩护者的队员主动贴近对手，而原本防守被掩护者的队员则快速绕过掩护者，调整自己的防守位置和距离，以继续防守对手。

要求：防守掩护者的队员要及时提醒队友，在队友绕过的一刹那，紧密跟随对手。绕过队员需要快速调整防守位置，以防止对手利用掩护得分。

③关门

方法：当进攻队员试图运球突破时，防守突破的队员会向侧后方移动，挡在突破者与篮筐之间，而临近突破一侧的防守队员则快速向突破者的路线滑动，与防守突破的队员靠拢，形成一道防线，阻止突破者的前进。

要求：防守突破的队员要积极抢步，堵住突破者的路线，邻近的防守队员要有及时关门的意识，快速形成封锁，共同阻挡突破。

练习建议：为了熟练掌握这些防守策略，可以组织 4 人一组的半场 2 对 2 实战练习，模拟比赛中的掩护和突破情况，让队员们在实战环境中练习穿过、绕过和关门的配合，以提高整体的防守意识和协同作战的能力。这种练习应该注重防守队员之间的沟通和默契，以及对比赛动态的即时反应。

（12）中锋策应配合

中锋策应配合是指进攻队员背对或侧对球篮接球后，通过各种传球方式与外线队员的空切、绕切相结合，借以摆脱防守而形成的一种里应外合的方法。

（13）二人长传快攻配合

二人长传快攻配合是篮球比赛中一种高效的进攻策略，尤其在转换进攻时极为有效。当队员在后场获得球权，比如抢到篮板球、成功断球、掷界外球或跳起接球时，会迅速发起快攻。此时，持球队员会用一次或两次长传，直接将球传给已经在前场找到有利位置、摆脱了防守的队友，这种配合的特点是速度快、时间短、动作简洁，能够迅速突破对方的防守，创造轻松得分的机会。

接应队员需要具备良好的视野和判断力，能够预见传球的到来，并及时摆脱防守，找到最佳的接球位置。一旦接球，他们需要立即评估场上形势，要么选择直接上篮或投篮，要么继续传球给处于更好位置的队友。在快攻推进过程中，球队的目标是将球快速带至前场，利用拉开、斜插等战术动作，将球转移到最有威胁的攻击区域，如篮下或三分线，然后迅速完成投篮，结束这次快攻。

这种快攻配合要求队员之间有很高的默契度和很强的预判能力，同时也考验球员的体能和速度，能够在短时间内完成从后场到前场的快速转移，抓住对手防守尚未布阵的空档，实现高效的得分。在高水平的比赛中，二人长传快攻配合常常成为打破僵局、扩大比分的关键手段。

（14）半场三攻二、二攻三对抗

在篮球比赛中，当进攻方形成三打二的局面时，理想的进攻策略是保持一个三角形的队形，其中两侧的进攻队员略微向前，中间的队员稍微靠后，这样的队形可以最大化攻击面，为进攻创造更多机会。同时，进攻队员应密切关注队友的站位，以便适时展开配合。在这种三对二的情况下，防守方的两名队员可能会采用平行站立、斜线站立或重叠站立的三种不同阵形来防守，进攻方需要根据防守方的阵形变化灵活调整自己的进攻策略，利用人数优势和空间拉开，寻找最有利的进攻角度和时机。

练习：5 人一组，分成三对二，进行战术对抗演练。

5. 篮球运动的意义与作用

（1）提高生命活力

篮球运动能全面、有效、综合地促进身体素质和人体机能的全面发展，提高和保持人的生命活力，打下坚实的身体基础，从而提高生活质量。

（2）满足多种需求

篮球运动因其独特的魅力和灵活性，成为全球广受欢迎的体育项目之一。与其他运动相比，篮球展现出更强的参与性、趣味性、应变性、娱乐性和竞技性，能够适应不同年龄、性别和体能水平的人群需求。它的形式多样，既可以是正式的比赛，也可以是休闲的街头篮球，甚至是简单的投篮练习。运动强度可以根据个人的身体状况和喜好自由调节，从轻松的热身到高强度的对抗，每个人都能找到适合自己的运动方式。

篮球的魅力在于它不仅仅是一项体育活动，更是一个社交平台，让人们在运动中建立友谊，增强团队协作精神。无论你是专业运动员，还是篮球爱好者，抑或初学者，都能在篮球场上找到属于自己的位置，展现个人技能，享受运动带来的快乐。这种广泛的包容性和参与性，使得篮球成为跨越文化、年龄和社会背景的全球性运动，深受人们喜爱。

（3）促进心理健康

在现代社会高效率和快节奏的生活中，篮球运动提供了一个宝贵的平台，促进了人们的相互交流与理解。它不仅能有效缓解参与者的工作压力，还能在良好的竞争环境中培养健康的心理适应能力和抗压能力，进而调整和维护参与者的心理健康水平。篮球场成了一个社交和情感释放的空间，帮助人们在紧张的生活之余找到平衡，增进身心健康。

（4）促进个性的发展和完善

参与篮球运动，无论是日常的练习还是激烈的比赛，都是塑造个人品格和团队精神的绝佳途径。在这个过程中，运动员的个性得以磨砺，自信心逐渐增强，学会了如何在高压环境下控制情绪，锻炼了坚强的意志力和不懈的进取心。同时，篮球运动也教会了参与者自我控制与约束的重要性，促使他们在场上场下都表现出文明自律的态度，遵守规则，尊重对手，体现了高尚的体育道德。更重要的是，团队合作的必要性在篮球中得到了充分的体现，培养了球员的集体主义精神，让每个人意识到团队成功高于个人荣耀，学会在团队中找到自己的位置，共同为目标奋斗。通过篮球，不仅提升了个人能力，更在无形中塑造了良好的社会公民形象。

（5）有助于创新能力的培养

篮球运动的精髓在于其兼具规范性和创造性的特质。每一项技术动作和战术部署都有其基本的原理和标准，但同时，每位球员都能在这些框架内注入个人的独特风格，没有一成不变的模板。这种灵活性和开放性赋予了篮球无限的生命力，让每个人、每支队伍都能以自己的方式解读和演绎这项运动，展现个性化的篮球哲学。

篮球的复杂性和多变性要求参与者必须具备出色的应变能力。在瞬息万变的比赛中，球员需要根据实时的场上情况迅速做出判断，采取恰当的行动，无论是进攻的选择、防守的布局，还是团队的协作，都需要及时、果断、敏捷的反应。这种在高压环境下快速决策的能力，实际上是对个人智慧和创新思维的考验。

通过篮球，参与者不断挑战自我，学习如何在有限的时间里创造无限的可能性，如何用智慧和创造力解决问题，从而在实践中提升自己的创新能力。篮球不仅是一项体育活动，更是培养个人综合素质，尤其是创新能力的绝佳平台。

（6）培养分析和解决问题的能力

篮球运动以其独特的空间维度和动态对抗性，要求参与者在地面和空中进行全方位、立体式的竞争。篮圈高悬于空中，而球可在场地的任一位置流转，这种特性促使球员不仅要具备地面的敏捷移动能力，还要有空中跃起、投篮、封盖等立体技能。每一刻，球员的行动都受到对手的实时影响，球员需要在瞬息万变的比赛中，依据自身的实力和对手的特点，进行快速的战略调整和决策制定。

在篮球场上，斗智斗勇、扬长避短、克敌制胜不仅是战术层面的竞争，更是心理素质的较量。球员必须在高强度的对抗中保持冷静，运用智力、意志力和个性特质，观察对手的每一个细微动作，预测其意图，及时做出应变，这极大地促进了参与者的综合能力提升。篮球运动锻炼了参与者在复杂情境下发现问题、分析问题和解决问题的能力，培养了全面的技能和心理素质，使其在比赛和生活中都能更加从容不迫、机智应变。这种全方位的挑战和成长，正是篮球运动的魅力所在。

（7）职业化、商业化和产业化发展

篮球运动在全球范围内正经历着职业化、商业化和产业化的发展趋势，高水平的竞技篮球更是如此。在许多国家，篮球已经成为一项高度商业化的体育项目，拥有成熟的联赛体系、庞大的粉丝基础和丰厚的商业赞助。职业篮球运动员，尤其是顶尖级别的球员，凭借其卓越的天赋和精湛的技艺，已成为体育产业中收入丰厚的精英群体，享受着与之匹配的高知名度和影响力。这种专业化和市场化的演变，不仅推动了篮球运动的技术进步和赛事质量的提升，也为相关产业链创造了巨大的经济价值。

（8）培养团队意识

篮球运动，作为团队合作运动的典范，不仅促进了参与者之间的沟通与友谊，还深刻地培育了集体主义精神和良好的体育道德，教导个体如何在个人成就与团队利益、竞争精神与合作态度之间取得平衡，从而在体育竞技中领悟更深层次的人生哲理。

（二）乒乓球运动文化

1. 乒乓球运动的起源与发展

乒乓球，起源于19世纪末的英国，最初是从网球演化而来，后来逐渐发展成为一项独立且极具特色的运动。乒乓球运动不仅竞技性强，趣味性浓，而且普及广泛，适合多个年龄段的人群参与。长期从事乒乓球运动可以有效提高人的上下肢协调性和灵活性，改善心血管系统功能，增强体质。此外，乒乓球运动还能培养运动员的毅力、耐心和团队精神，教会参与者面对困难时的坚韧不拔和积极进取的态度。

2. 乒乓球的基础知识

乒乓球台长2.74米、宽1.525米、高76厘米、网高15.25厘米。

乒乓球拍的大小、形状、质量不限，但底板必须是木制的，用来击球的拍面必须覆盖颗粒胶或海绵胶。现在常用的是海绵胶皮拍，主要分正胶和反胶两种，还有其他各种各样的不同性能的球拍。

乒乓球是用赛璐珞（一种合成塑料）制成的直径40毫米、重2.8克的黄色或白色的小球。

（1）球台

端线：球台两端长 152.5 厘米、宽 2 厘米的白线。

边线：球台两侧长 274 厘米、宽 2 厘米的白线。

中线：台面正中与边线平行的 3 毫米宽的白线。

（2）站位

近台：站位距离端线 50 厘米以内的范围。

中近台：站位距离端线 50~70 厘米以内的范围。

中远台：站位距离端线 70~100 厘米以内的范围。

远台：站位距离端线 1 米以外的范围。

（3）击球路线

击球点与落点之间的投影线，称为 5 条基本路线，即击球路线。

（4）击球时间

对方来球着台后反弹上升至回落触击地面以前的这段时间，称为击球时间。

（5）击球部位

在乒乓球和网球等运动中，击球部位（也称为击球点）指的是球拍接触球的具体位置，这会影响球的旋转、方向和速度。教练常用钟表刻度比喻来帮助球员理解如何根据不同的击球需求来调整拍面接触球的不同部位。具体来说：

上部（接近 12 点的部位）：当球拍从下方接触球的顶部时，会产生上旋，使球在空中飞行时向下加速并快速下落，这有助于过网后迅速降低弹跳高度。

中上部（接近 1~2 点的部位）：这种击球方式会结合一些上旋，但同时也会向前推动球，产生既有一定的旋转又有直线速度的效果。

中部（接近 3 点的部位）：这是最直接的击球方式，通常用于平直的击球，不会产生太多的旋转，主要依靠力量和方向控制。

中下部（接近 4~5 点的部位）：击打球的这个部位会产生下旋，使球在空中飞行时减速并保持较高的弧线，过网后会有较大的弹跳。

下部（接近 6 点的部位）：通过从上方击打球的底部，可以产生强烈的下旋，球过网后会有一个非常低且远的弹跳。

这些不同的击球部位和技术在比赛中的运用取决于对手的位置、球的飞行路线及球员想要实现的比赛策略。

（6）拍形

在乒乓球运动中，拍形的控制对于击球的效果至关重要，它直接影响了球的旋转、速度和落点。拍形主要包括拍面角度和拍面方向两个方面。

拍面角度是指球拍与乒乓球台面之间的夹角。不同的拍面角度会产生不同的击球效果：

拍面前倾：当拍面角度小于 90° 且朝向球台时，这种角度适合制造强烈的上旋球。触球时，拍面会接触到球的顶部或者上部区域（接近 1 点的位置）。

拍面稍前倾：拍面角度略微小于 90°，但不如拍面前倾那么明显，适合产生一定量的上旋。触球时，拍面接触球的位置更靠近球的侧面（接近 2 点的位置）。

拍面垂直：拍面与台面成 90°直角，这种角度适合制造直线球或控制球的飞行轨迹。触球时，拍面接触球的正中央（接近 3 点的位置）。

拍面稍后仰：拍面角度大于 90°但不是特别大，适合制造下旋球或减小球的旋转。触球时，拍面接触球的下部区域（接近 4 点的位置）。

拍面后仰：拍面向后倾斜角度较大，适合制造强烈的下旋球或进行削球。触球时，拍面接触球的底部（接近 5 点的位置）。

拍面方向指的是击球时拍面所指向的方向，它影响了球的飞行路径和最终落点。例如：

当拍面朝向对方球台的中心时，击出的球会沿着直线飞向对手的正前方。

如果拍面稍微向左或向右偏转，则球会沿着斜线飞行，可能让对手难以预测球的落点。

拍面方向也可以用来控制球的侧旋，比如向左或向右旋转拍面可以制造侧旋球。

通过调整拍面角度和方向，乒乓球运动员可以灵活地控制球的旋转、速度和落点，从而在比赛中占据优势。在实际比赛中，运动员需要根据来球的速度、旋转和位置，以及自身的战术需求，迅速而准确地调整拍形，以达到最佳的击球效果。

（7）击球点

击球点在乒乓球运动中是一个关键概念，它指的是球拍与球接触那一刻球相对于击球者身体的具体空间位置。这一位置包含了三个主要的维度：

前后位置：指球在击球者身体前方或后方的位置。理想情况下，击球点应处于身体前方，这样击球者可以充分利用身体的重量和力量，同时也能更好地控制球的方向和旋转。

远近距离：指的是球距离击球者身体的远近程度。适当的远近距离可以让球员在击球时拥有最大的控制力和力量输出。如果球太靠近身体，可能会影响力量的施展；如果太远，则可能影响到球的控制。

高低位置：即球相对于击球者身体的高低。不同的高低位置需要球员调整身体姿态和拍形，以适应不同的击球技术。例如，较低的球可能需要球员下蹲，而较高的球则可能需要球员伸展手臂。

击球点的选择与球员的站位、球台的布局及击球的时机紧密相连。正确的击球点能够让球员在击球时发挥出最大的力量，同时保持对球的精准控制。优秀的乒乓球运动员会根据来球的速度、旋转、位置以及比赛的具体情况，迅速判断并调整自己的站位，以达到最佳的击球点，从而提高击球的质量和效果。

（8）短球、长球与追身球

短球：落点在近网区内，且起跳后的第二落点不超过球台的端线。

长球：落点在底线区内。

追身球：落点在身体的中间。

3. 乒乓球握拍法、基本步法、基本姿势与站位

（1）乒乓球握拍法

乒乓球的握拍方法直接影响到球员的击球技术、战术应用及整体表现。以下是四种主要的握拍方法及其优缺点：

①直拍快攻型握拍法

握拍方式：食指第二关节和拇指第一关节扣住拍肩，虎口贴紧拍柄，其余三指自然弯曲重叠，中指第一关节顶住拍背中线。

优点：正反手使用同一拍面，出手快，正手攻球威力大，手腕灵活，发球方式变化丰富。

缺点：反手攻球受限，攻削转换难度大，防守覆盖面小。

近台快攻型握拍法（中钳式）

握拍方式：食指第二关节和拇指第一关节扣住拍前，其余三指弯曲贴于拍上端三分之一处。

优点：手腕灵活，正反手转换快，利于处理台内球和追身球。

缺点：覆盖面小，反手发力受限。

②弧圈型握拍法

第一种握拍方式：与快攻型握拍法相同。

第二种握拍方式：食指形成环状扣拍，拇指贴左侧，中指和无名指第一关节顶住拍背，小指自然贴合。

优点：手臂、手腕、球拍连成一线，便于发挥手臂力量，扩大防守范围。

缺点：手腕灵活性差，处理快速球和台内球较难。

③横拍握拍法

握拍方式：虎口贴拍肩，中指、无名指、小指握拍柄，拇指放正面，食指伸直置于背面。

优点：覆盖面广，反手发力方便，削球易于发挥手臂力量。

缺点：正反手转换动作大，攻直线球易被识破，台内正手攻球难掌握。

握拍注意事项：

握拍不宜过紧或过松，以免影响手腕灵活性和发力。

击球前后，手指不要过度用力，以保持肌肉放松，利于快速恢复准备状态和避免僵硬。

每种握拍方法都有其特定的适用场景和技术特点，选择合适的握拍方式对提升乒乓球技术水平至关重要。

（2）乒乓球基本步法

乒乓球运动中，脚步移动是发挥各项技术的基础，合理的步法能够帮助球员在场上迅速调整位置，更好地应对来球。以下是三种常见的乒乓球步法：

①跨步（Side Step）

描述：当来球方向偏向身体同侧，且球速快、角度大、距离身体较远时，同侧脚先向侧方跨出一大步，后脚跟着地以维持平衡，随后另一脚迅速跟进，完成移动。

应用场景：适用于快速反应，对付急促且角度大的来球。

②并步（Shuffle Step）

描述：当来球位于身体较近的侧方时，远侧脚先向近侧方移动一小步，紧接着近侧脚再向来球方向迈出一步。

应用场景：在小范围内调整位置，适用于需要快速小幅度移动的情况，如在台前的短距离调整。

③交叉步（Cross Step）

描述：当来球远离身体，需要较大范围的移动时，来球反方向的脚先向来球方向迈出一小步，随后另一侧脚迅速跨出一大步，完成向来球方向的移动。

应用场景：用于大范围的移动，如在侧身进攻后迅速回到中央位置，或扑救离身体较远的来球。

这三种步法在乒乓球比赛中都非常关键，它们能够帮助球员迅速调整位置，保持平衡，确保在各种来球情况下都能够做出有效的回击。球员需要通过不断训练来提高步法的灵活性和准确性，以便在比赛中能够快速反应，占据有利的击球位置。

（3）乒乓球基本姿势与站位

乒乓球运动员在准备迎接每一次来球时，采用正确的基本姿势是至关重要的，这不仅能够确保运动员能够迅速启动，选择合适的击球位置，还能够帮助运动员及时、准确地回击来球，从而应对比赛中的各种复杂情况。

①正确的基本姿势

站姿：运动员应采用两脚平行站立的姿势，脚尖朝前，两脚间距略大于肩宽，这有助于保持身体的稳定性。

脚部：保持提踵状态，主要以前脚掌内侧着地，这可以增强腿部的爆发力，便于快速移动。

膝部与躯干：两膝微曲并稍内扣，上体略前倾，这样的姿势可以保持身体的灵活性和准备状态，同时将重心置于两脚之间，利于迅速反应。

头部与视线：下颌微收，双眼集中注视来球，保持警觉。

持拍手臂：以右手持拍为例，手臂自然弯曲置于身体右侧，肘部适当外张，手腕放松，球拍向左呈半横状，拍面自然后仰，置于腹部前方约 20～30 厘米处。

②原理与目的

稳定性与力量：两脚开立略宽于肩，脚尖平行，可以增强下盘的稳定性。两膝微曲并稍内扣，脚内侧用力着地，这样的姿势能够调动更多小腿肌群，便于发挥腿部力量和速度。

膝关节弹性：保持膝关节良好的弹性，有利于快速侧向蹬地，提升启动速度。

提踵的作用：提踵可以直接蹬地启动，缩短步法移动所需时间，提升反应速度。

③不同打法的基本站位

乒乓球运动员的基本站位应根据个人打法类型进行调整，以最大化技术特长的发挥：

左推右攻打法：基本站位在近台中间偏左。

两面攻打法：基本站位在近台中间。

弧圈球打法：基本站位在中台偏左。

横板攻削结合打法：基本站位在中台附近。

以削为主打法：基本站位在中远台附近。

正确的基本姿势与站位能够帮助运动员在比赛中更好地控制球拍，调整步法，发挥技术特点，从而提高比赛成绩。

4. 乒乓球基本技术

（1）平击发球（正手平击发球、反手平击发球）

①特点与作用：球速慢，力量小，基本不带旋转或略带上旋，是掌握其他发球技术的基础，初学者首先应学会这种发球。

②正手平击发球动作要点：左手向上抛球，右手同时向后引拍。球拍从身体右后方向前挥动，拍形稍前倾，击球中上部。难点：球上抛的同时向后引拍。

反手平击发球动作要点：抛球时，右臂外旋，球拍拍面略前倾，向右后上方引拍。球从高点下降至稍高球网时，击球的中部向右前方发力。

（2）推挡球

推挡技术在直拍快攻打法中扮演着至关重要的角色，它不仅能够帮助球员在近台防守，还能在恰当的时机转化为进攻。让我们分别深入探讨一下平挡和快推这两种推挡技术。

平挡

①特点和作用

借力还击：平挡是一种较为被动的击球方式，主要是利用来球的力量反弹回去，而非主动发力。

力量小、速度慢、线路短：由于是借力，所以回球的力量较小、速度较慢，线路也比较短，适合在对方强力进攻时作为过渡和防御手段。

②动作要点

拍面近乎垂直，略高于台面：拍面的角度几乎与台面垂直，这样可以更好地借到来球的反弹力。

上升前期触球：在球的上升阶段接触球，这时球的反弹力最大，便于借力。

借来球反弹力将球挡回：利用球的自然反弹力，不需要过多的主动发力，将球挡回对方半场。

快推

①特点和作用

回球速度快：快推强调的是速度，能够在极短的时间内将球回给对手，打乱对方的节奏。

变线灵活：快推可以根据情况改变球的线路，让对手难以预判，从而创造进攻的机会。

能争取时间，使对方左右应接不暇：通过快速的回球和灵活的线路变化，可以迫使对手在移动中匆忙回球，增加其失误率。

②动作要点

击球前上臂、前臂适当后撤引拍：为了制造足够的力量和速度，需要有适当的引拍动作，但是动作要小，以免影响整体的速度和节奏。

击球前手臂迅速迎前，在来球的上升期触球：在球上升的过程中快速接触球，此时球的速度和旋转有利于快速回球。

触球一刹那前臂稍外旋配合手腕外展动作：通过前臂的外旋和手腕的外展，调整拍面角度，触球的中上部，这样可以产生一定的上旋，增加球的稳定性。

手臂主要向前稍微向上辅助用力：力量主要来自向前的推动，稍微向上的动作可以帮助提升球的飞行弧线，避免下网。

通过不断练习和比赛中的应用，推挡技术可以成为直拍快攻选手的一项强大武器。

（3）发下旋球

反手和正手发下旋球都是乒乓球中重要的发球技巧，它们可以让球产生下旋，增加对手接球的难度。下面分别解析这两种发球的技术要点：

①反手发下旋球技术要点

拇指用力压拍的左肩：这个动作可以使拍面稍微后仰，有助于在击球时产生更多的下旋。

前臂先向后上方引拍：在球落下之前，做好预备动作，为发球蓄力。

当球下降到低于球网时，前臂迅速向前下方用力推并摩擦球：在球的下降阶段，利用前臂的爆发力向前下方推球，同时用拍面摩擦球的中下部，产生下旋。

球离拍后，第一跳要落在球台中区附近：这样可以增加发球的不可预测性，让对手难以准确判断球的落点。

②正手发下旋球技术要点

持球手将球抛起后，持拍手向后上方引拍：同样是在球落下前完成预备动作，拍面应横置并略微前倾。

发球时，手臂由后上方向前下方挥摆：利用整个手臂的挥动，增加发球的力量和旋转。

前臂做旋外的转动要快些，使拍面后仰的角度大些：快速的旋外转动可以增大拍面的后仰角度，有利于产生更强的下旋。

要用球拍下部靠左的地方去摩擦球的底部：选择球拍的正确部位摩擦球底，可以最大化下旋效果。

由于力臂大，球的旋转很强：较长的力臂意味着更大的旋转力，从而产生强烈的下旋。

掌握这些发球技巧需要大量的练习和对拍面控制的敏感度，通过不断地实践和比赛中的应用，可以逐渐提高发球的质量和变化，增强比赛中的竞争力。

（4）搓球技术

搓球技术在乒乓球中主要用于处理下旋球，无论是接发球还是在比赛中作为过渡，都能起到关键的作用。快搓和慢搓各有其特点和应用场景，下面详细解析这两种搓球技术。

快搓

①特点

动作幅度较小，回球速度较快：快搓旨在利用球的原有动能，迅速回球，减少对手反应时间。

借助来球的前进力：利用来球的动能，减少自身发力，节省体力。

②动作要点

右脚稍向前，身体靠近球台：这样的站位有利于快速反应和发力。

反手搓球时：上臂迅速前伸，前臂跟随向前，拍面稍后仰，在球的上升期击球中下部，利用上臂的前送力量。

正手搓球时：身体稍向右转，手臂向右前上引拍，然后前臂和手腕向前下方用力，在球的上升期击球中下部。

慢搓

①特点

动作幅度较大，回球速度稍慢：慢搓更注重旋转的制造，可以通过改变旋转为后续的进攻创造条件。

旋转变化运用得好，可以为进攻创造条件或直接得分：通过不同的旋转变化，可以迷惑对手，制造进攻机会。

②动作要点

反手慢搓时：站位离球台约 50 厘米，持拍手臂向左上引拍，击球时，前臂和手腕向前下方用力，同时配合内旋转腕的动作，拍面后仰，在球的下降期后段击球中下部，击球后，前臂顺势前送。

横拍搓球时：拍面略竖一些，击球后前臂向右下方挥摆，击球时间和部位与直拍搓球基本相同。

搓球技术的熟练掌握需要大量的练习，特别是对于拍面角度的控制、击球时间的选择和力量的调节。通过反复练习，可以提高搓球的精度和旋转质量，从而在比赛中占据优势。

（5）减力挡技术

乒乓球中的"减力挡"又称"轻推"，这是一种高级技术，主要用于控制球的落点和速度，以达到战术目的。以下是该技术的综合特点和动作要点：

①特点

回球弧线低，落点短，力量小：减力推的特点在于控制球的飞行轨迹，使其低而短，不易被对手大力反击。

战术运用：当对手因加力推或正手发力攻被迫离台时，使用减力推可以调动对手，迫使其前后奔跑，为己方创造抢攻的机会。

②动作要点

手臂外旋，拍面稍前倾：外旋手臂使拍面略微前倾，有助于控制球的方向和减少力量。

不用手臂向后引拍，身体重心略升高：与常规击球不同，减力推不需要大幅度的引拍动作，身体重心的轻微提升有助于更好地控制球。

前臂稍收使拍面略高，放至身前即可：前臂的微调使拍面处于略高的位置，准备接触球。

当来球刚刚弹起即触球中上部：在球的上升初期接触球，此时球的反弹力最小，易于控制。

借力回击，拍触球的瞬间，手臂和手腕稍向后收：利用来球的力量而不是自己的力量，接触球的一刹那，手臂和手腕轻微后收，以缓冲球撞击拍的力量，减小回球的力度。

减力推是一种细腻的技术，要求运动员有很高的手感和对球的控制能力。在实际比赛中，正确使用减力推可以有效地打乱对手的节奏，为自己赢得有利的进攻位置。

（6）正手攻球技术

乒乓球中的正手近台快攻技术，这是一种非常高效的攻击性打法，尤其适合那些喜欢在近台区域快速结束回合的球员。下面是该技术的综合特点和动作要点：

①特点

站位近，动作小，球速快：正手近台快攻的特点是站位靠近球台，动作紧凑，击球速度快，利用球的反弹力迅速回击，缩短对手的反应时间。

缩短对方准备回击时间，争取主动：快速回球可以打乱对手的节奏，迫使他们仓促应对，为自己创造进攻的机会。

为进攻创造条件，也可直接得分：有效的近台快攻可以迫使对手陷入被动，甚至直接得分，特别是在对手未完全准备好时。

②动作要点

左脚稍前，身体离球台约40厘米：这样的站位有助于快速启动和响应，同时保持足够的空间来完成击球动作。

击球前，持拍手臂要向右前伸迎球，前臂自然放松：手臂做好预动作准备迎接来球，前臂的放松状态可以确保挥拍时的爆发力。

球拍呈半横状：拍面的适当倾斜有助于控制球的旋转和方向。

当球从台面弹起，前臂和手腕向前上方挥动，并配合内旋转腕的动作：利用前臂和手腕的协调动作，产生快速有力的挥拍。

使拍面前倾，在上升期击球中上部：拍面的前倾和击球点的选择可以产生良好的旋转和速度。

拍触球的刹那，拇指压拍，同时加快手腕内旋速度：拇指的压拍和手腕的快速内旋可以增加球的旋转，使球更具威胁性。

使拍面沿球体作弧形挥动：拍面的弧形挥动有助于控制球的飞行轨迹，使球的落点更加精确。

击球后，挥拍至头部高度：完成击球后，挥拍至头部高度可以避免过早停止动作，保持动作的完整性，也有助于快速恢复准备姿势。

正手近台快攻技术要求运动员具备出色的反应速度、准确的击球时机把握和强大的手腕力量。通过不断地练习和比赛应用，这项技术可以成为球员的强有力招数。

（7）发左侧旋球

以下是发左侧旋球的动作描述：

当右手向后抛球时，持拍手应向右上方引拍，手腕外展；当球下落到与网同高时，手臂迅速向左下方挥动，在触球瞬间，手腕快速向左上方转动以发出左侧上旋球，或者手腕快速向左下方转动以发出左侧下旋球，使球拍从球的中部向相应的方向进行摩擦。

（8）发右侧旋球

站在球台左侧，身体略微左转，将球置于左前方、台面之上，端线之后，向上抛球后，当球下落时，手臂需从左向右加速挥动，拍面稍后仰，通过从左至右摩擦球的后下方来发球。若拍形后仰并向前下方发力，则发出的是右侧下旋球；若拍形接近垂直并从后向前发力，则发出的是右侧上旋球。这一描述涵盖了从站位到发球动作的全过程，突出了拍面角度和发力方向对球旋转的影响。

（9）左推右攻技术

在乒乓球比赛中，无论是推挡还是攻球，拍形、手腕、手臂乃至腰部的协调配合都应依据来球的速度和落点灵活调整，以确保双方能够有更多的来回球机会，提升比赛的精彩程度和竞技水平。这句话强调了技术调整的重要性，以适应对手的不同击球，促进比赛的流畅性和技术的多样性。

教学重点：左推右攻时身体的协调配合。

5. 乒乓球竞赛的编排方法

乒乓球比赛常见的赛制包括循环制和淘汰制，有时也会结合两者优点采用混合制，例如在单打比赛中，第一阶段可能使用分组单循环赛确定排名，随后进入第二阶段的单淘汰赛，决出最终的胜者。这种赛制设计确保了比赛既有全面性又有竞争性，让每位参赛者都有充分展示实力的机会，同时也提高了赛事的观赏性和激烈程度。

（1）循环赛

参加比赛的队伍（或运动员）之间轮流比赛一次，称为单循环赛；轮流比赛两个循环，称为双循环赛。

循环赛因提供给所有参赛队伍（或个人）多次相互交锋的机会，被认为是促进技术交流和公平排名的理想赛制。它允许每个参赛者都能与其他所有对手进行比赛，这不仅促进了技术的相互学习，还有助于更准确地评估和确定参赛者的实际水平和最终排名。然而，循环赛的缺点是比赛总场次显著增加，导致赛事周期延长，需要更多的比赛场地，这在参赛队伍或人数众多的情况下尤其明显。

为了避免这些限制，当参赛队伍或人数较多时，通常会采取分组循环的方法。在这种情况下，参赛者会被划分到不同的小组（通常每组4~6队或4~6人），在各自小组内部进行循环赛。这种方式减少了总体比赛数量，缩短了赛程，同时也保证了比赛的公平性和竞争性。

在循环赛中，"一轮"指的是所有参赛队伍或个人在比赛中各出战一次的过程。而"一场"特指两个选手之间的单次对决，"一次"则通常用来描述两个队伍之间的单次比赛。通过这些术语，我们可以清晰地跟踪和管理赛事的进程。

第一，单循环赛场数的计算（团体赛为次数）。

场数 = 参加人 × （参加人数 – 1）/2。设有 n 个队参加比赛，场数就是由 n 个元素中每次取出两个元素的组合次数，即场数 $= n (n-1)/2$。经验证明，n 个队参加比赛，其中任何一个队都要与其余（$n-1$）个队分别进行比赛，即比赛（$n-1$）场。n 个队就要比赛 $n(n-1)$ 场。但在这个结果中，先考虑了甲队对乙队、丙队等分别比赛，又考虑了乙队、丙队两队对甲队等分别比赛。实际上，甲对乙、乙对甲是同一场比赛，因此总的来说，有一半都是重复的，也就是说，实际比赛次数只是 $n(n-1)$ 的一半，即 $n(n-1)/2$。

第二，单循环轮数的计算。

设有 n 个队参加比赛，由上述比赛的结果得知比赛场数为 $n(n-1)/2$，轮换一次称为一轮，轮数需分两种情况计算。

第一种：n 为偶数时，一轮中正好两两对垒，需打 $n/2$ 场比赛。

轮数 = 总场数/一轮场数 = ［$n(n-1)/2$］/（$n/2$） = $n-1$

即当队数为偶数时，轮数 = 队数 – 1。

第二种：n 为奇数时，一轮中必定有一个队排为轮空，其余（$n-1$）个队，两两对垒，每一轮需打（$n-1$）/2 场比赛。

轮数 = 总场数/一轮场数 = ［$n(n-1)/2$］/［（$n-1$）/2］ = n

即当队数为奇数时，轮数 = 队数。

例如：5 个队参加单循环比赛，共需进行 5 轮 10 场比赛。6 个队参加单循环比赛，共需进行 5 轮 15 场比赛。

第三，单循环赛名次计算。

循环赛中，名次首先根据获胜次数决定；若获胜次数相同，则依次按照相互间的胜负比率、比赛场数、局数和分数来决定排名，直至分出先后。

次数比率 = 胜次数/总次数

场数比率 = 胜场数/总场数（局数、分数比率的计算方法与此相同）

"次"就是两个队之间的比赛。"场"就是两个人之间的比赛。

确定单循环赛的比赛顺序，要考虑比赛场次进度的一致，避免连场。要注意每一轮强队和弱队的配合，并尽量使各队（运动员）机会均等。

确定单循环赛比赛顺序的方法很多。经常采用的简便方法是逆时针轮转法。

（2）淘汰赛

①单淘汰赛选择号码位置数：采用单淘汰赛的比赛办法时，应先根据参加比赛的

人数选择最接近的较大的 2 的乘方数（2 自乘若干次的积数）作为号码位置数。比赛常用的号码位置数：$2^5=32$，$2^6=64$。

当参加比赛的运动员人数不等于号码位置数时，需要安排轮空，使参加第二轮比赛的运动员人数正好是 2 的乘方，而没有轮空。

轮空数 = 号码位置数 − 运动员人数

当参赛人数略多于最接近的 2 的幂时，直接应用单淘汰赛制会导致过多的轮空名额，这通常不理想。为了解决这个问题，可以采用"抢号"策略。具体做法是选取最接近且小于参赛人数的 2 的幂作为赛制的基础名额数，然后让超出这个名额数的部分运动员通过额外的比赛来争夺这些有限的名额，这种额外的比赛就被称为"抢号"。抢号比赛的结构与轮空位置类似，其目的就是确定哪些运动员能够正式进入基于 2 的幂构建的赛制中。抢号的位置可以通过参考轮空位置表来确定，确保赛程的公平性和效率。这样，所有运动员都有机会通过竞争获得正式比赛的席位，避免了过多的轮空情况。

②单淘汰赛轮数的计算：单淘汰赛所选用的号码位置数（2 的乘方）的指数（自乘的次数）即轮数。2 的几次方即几轮。

（三）网球运动文化

1. 网球运动的起源

现代网球运动主要分为室内和室外两种形式，这项运动通常由两名球员（单打）或四名球员（双打）进行，各自手持球拍，在设有围网的矩形场地上对战。尽管早期版本的游戏可能包括球撞击墙壁并反弹过网的元素，与壁球或早期的类似运动更为接近，但现代网球的核心特征是球必须直接越过网而不接触任何障碍物。网球的标准直径介于 6.541~6.858 厘米之间。最初，网球是由两个半球缝合而成，内填草、树叶或头发等材料，随着时间的推移，球的制造工艺日益精进，采用了更加耐用和性能更佳的材料，以适应专业比赛的需求。

2. 网球技术

（1）握拍方法

网球中的主要握拍方法包括东方式、大陆式和西方式，每种握拍方式都有其特定的优点和适用场景：

东方式握拍：

正手握拍：拇指与食指形成"V"字形，虎口置于球拍把手的上平面，手掌根部贴在拍把手的右上斜面，食指关节压在右侧垂直面，拇指压左侧垂直面。

反手握拍：在正手握拍的基础上，手部逆时针旋转约 90°，食指底部关节压在拍柄上的平面。

优点：适用于正手和反手击球，提供较好的力量传递。

缺点：需要在正反手击球间快速切换握拍。

大陆式握拍：

握拍时，虎口位于拍把手的上平面与左上斜面之间，手掌根部贴在上平面，食指底部关节压在右上斜面。

优点：适用于处理低球、上网截击、高压球及发球，无须频繁改变握拍方式。

缺点：正手击高球时，可能较难控制拍面。

西方式握拍：

正手握拍：将拍面朝下放置于地面，拇指与食指垂直，手掌贴于拍柄正面，食指关节压在右下斜面。

反手握拍：在正手握拍的基础上，手腕顺时针转动，拇指紧压在左侧垂直面，食指压上平面，手掌根部贴左上斜面。

优点：适合击打跳球和腰部高度的球，制造强力的上旋。

缺点：不适宜击打低球、截击球及反手网前球。

掌握这些不同的握拍方法可以使球员在比赛中根据不同情况灵活选择最合适的击球方式。

（2）准备姿势

双脚平行站立：双脚与肩同宽，保持身体的稳定性和平衡。

膝盖微弯：前脚掌用力着地，这有助于快速启动和移动。

上身前倾：身体重心适度前移，落在两脚掌之间，准备随时向前或向两侧移动。

肩部放松：肩膀保持松弛状态，避免紧张影响挥拍动作。

手臂自然下垂：大臂自然下垂，前臂大约弯曲成90°角，使球拍处于腹部前方，准备迎接来球。

双手持拍：右手（主手）正确握住拍柄，而左手（非主手）扶住拍柄与拍头之间，为双手持拍者提供额外的支撑。

视线集中：双眼保持注视前方，随时观察对手的动作和来球的方向。

（3）移动技术

移动技术包括单步、滑步、跨步、交叉步、组合步伐。

要点：

定位准确：迅速调整位置，找到最适合击球的地方。

适时转移重心：在移动和准备击球时，恰当地转移身体重心。

手臂放松，目视来球：保持手臂松弛，用双眼锁定即将来临的球，以便准确判断球路。

采用碎步移动：利用短促、快速的小步子进行移动，这有助于即时改变方向和保持平衡。

节奏感移动：所有的步伐移动应该在一种节奏中进行，保持流畅性和连贯性，避免生硬或过度急促的移动。

（4）原地正手平击球技术

网球的正手击球可以分解为三个关键动作：回拉动作、击球动作和跟进动作。下面是这些动作的简化描述：

①回拉动作：

调整站位，左脚移至身体右前方，身体面向侧后方，重心转移到右脚。

放松左手（非持拍手），帮助维持身体平衡。

将球拍向后拉至预期的击球高度，准备击球。

要点：眼睛持续关注来球，右膝微曲，左腿保持伸直，非持拍手辅助平衡。

②击球动作：

左腿向前跨步，重心随之前移到左脚。

从腰部水平高度开始挥拍，向前上方挥动至肩部高度，同时转身并带动肩部转动，左手可扶拍。

要点：击球点保持在腰部高度，挥拍送球至球离开拍面，注意身体重心的转移，保持拍面垂直于地面，完成整个击球动作。

③跟进动作：

击球后，持拍手臂自然放松，非持拍手可协助控制拍子。

后脚跟随上前，以左脚为支点，恢复身体平衡。

迅速调整姿势，回到准备姿态，准备下一拍。

要点：确保挥拍动作完整结束，非持拍手适时辅助，后脚及时跟进以保持整体稳定性。

通过这三个阶段的连贯执行，运动员能够有效地控制球的方向和力量，同时保持良好的身体平衡和准备状态，以应对接下来的比赛需求。

（5）下手发球技术

一是回拉动作。

动作要领：同原地正手平击球技术。

二是击球动作。

动作要领：

当球接近击球点时，左腿（对右手持拍者而言）向前迈出，将身体的重心转移到左脚上。

挥拍动作是从腰部后方向前挥动，伴随着腰部和肩部的旋转，这有助于产生更多的力量和旋转。

在挥拍过程中，左手（非持拍手）可以轻扶球拍，帮助稳定拍框，但并非所有球员都会这样做。

击球要点：

击球点应当位于前脚的右侧方（对右手持拍者而言），确保球拍在腰部高度接触球。

从腰部高度开始挥拍，动作应当流畅地向前方延伸，直到球完全离开拍面。

在击球瞬间，保持球拍面与地面大致垂直，以控制击球的方向和力度。

整个击球动作应该是连贯和完整的，避免突然停止，这有助于产生一致的击球效果。

（6）反手击球技术

①回拉动作：

在反手击球的预备阶段，运动员从标准准备姿势开始，通过右脚移动至身体左前方并使身体转向左侧，将重心置于左脚，同时利用左手牵引球拍以维持平衡，并将球拍向后引至适当的击球高度。

要点：眼睛注视来球，左腿屈膝，右腿伸直，保持身体平衡。

②击球动作：

在击球动作中，运动员通过右腿向前迈出并转移重心至右脚，同时从腰部后方开始挥拍，向前上方挥至肩部以上，伴随腰部和肩部的转动，以完成反手击球。

要点：在腰部高度击球，保持身体平衡；注意重心的变换；击球时保证球拍与地面垂直；保证击球动作完整。

③跟进动作：

在击球动作完成后，运动员应放松持拍手臂，后脚随即跟进以保持身体平衡，围绕右脚为轴心调整站姿，并迅速恢复到准备姿势，以备下一次击球。

要点：非持拍手及时扶住球拍，使挥拍能够及时回到准备姿势，预备下一次击球；后脚及时跟上，保持身体平衡。

④反手击球步法：

从准备姿势开始，运动员通过右脚移动至身体左前方并转向左侧，将重心置于左脚；击球时，右腿向前迈进，重心转移至右脚；击球后，后脚跟进以保持平衡，围绕右脚调整，最后迅速恢复到准备姿势，准备下一次击球。

（7）反手原地平击球技术

从准备姿势开始，运动员需全神贯注，眼睛紧盯着来球。随后转身并引拍，此时左腿屈膝，右腿保持伸直，非持拍手（左手）协助牵引球拍，确保身体在击球前保持平衡。击球动作始于腰部高度，球员需向前上方挥拍，直到球完全脱离拍面。在整个过程中，运动员应注意重心的平稳转移，确保击球时球拍面垂直于地面，同时保持击球动作的完整性。非持拍手在击球后应迅速辅助球拍返回至准备姿势，为下一次击球做准备。与此同时，后脚要及时跟上，帮助维持身体的平衡，确保运动员能够迅速调整并回到初始的准备状态。

（8）反手移动击球技术

准备姿势：运动员应双眼紧盯着来球的方向，根据需要调整握拍方式，确保准备充分。

侧身拉拍：接着，运动员向左侧转身，将球拍拉至身体左侧后方，同时将重心置于左脚上，为下一步的挥拍动作蓄势。

移动并步或交叉步上步挥拍击球：随后，通过移动并步或交叉步的方式，右脚迅速向前方迈步，重心随之转移到右脚。在移动的同时，运动员需完成转腰、转肩的动作，带动手臂从左后方向右侧前上方挥拍击球。

要点：在整个挥拍过程中，运动员的手腕应保持固定，利用身体的转体和转肩来增加挥拍的力量。同时，重心的前移非常重要，击球点应选择在身体前方稍靠前的位置，这样可以更好地控制球的方向和力度。

（9）对墙击球技术

①击球时侧对墙壁。

②击球后回拉动作要快。

③球拍要向前送。

④发力均匀。

（10）上手发球技术

上手发球技术包含五个关键步骤：准备姿势、抛球、引拍动作、击球动作及收拍动作。在执行时，运动员需将球抛至额头前上方，同时左手指向抛球方向，右臂抬起准备在最佳击球点进行击球；随后，通过甩动小臂在额头前上方击球，同时配合收腹动作；最后，完成击球后，球拍自然下落至身体左侧，整套动作流畅且有力。

（11）底线两人对打

在底线附近，运动员应保持预备姿势，目光紧锁来球，精神集中，动作既要迅速又要稳定，确保身体重心始终略微前倾；以回合制打法为主，控制击球力量适中，确保击球动作完整连贯；力求回球精准，目标落点集中在对方中后场，同时展现出积极的跑动能力和迅速的回位能力。

（12）接发球技术

身体前倾，脚后跟抬起，重心在两脚之间；两眼注视前方来球；迅速引拍，幅度不要太大。

（13）截击球技术

握拍法：推荐使用大陆式握拍法，因为它允许运动员在正手和反手截击中无须变换握拍方式，提高灵活性和速度。

准备姿势：两脚与肩同宽，重心放在前脚掌，脚后跟轻微抬起，拍头竖起在眼前，两肘自然离开身体，上体微前倾，双眼注视来球，保持随时启动的状态。

站位：通常站在发球线与网之间的中间或中后部位置，以便于快速反应和覆盖球场。

步法：采用交叉步关闭式击球，即正手截击时，非持拍手侧脚先移动；反手截击时，持拍手侧脚先移动。

正手截击：从准备姿势开始，重心向右脚转移，进行轻微后摆，左手指向来球保持平衡，右脚向前跨步，固定手腕，用肩和前臂的动作向前击球，击球点应在身体右侧前方。

反手截击：同样从准备姿势开始，重心向左脚转移，进行轻微后摆，随着右脚向左侧前方跨出，用反手向前迎击来球，手腕固定，拍头略高于手腕，利用肩和前臂的动作向前击球。

（14）高压球技术

站于中线之间，左手指向来球，右臂抬起选择最佳击球点后；甩小臂击球于额前上方；同时收腹，球拍落于身体左侧。

3. 网球运动的基本规则

（1）发球

发球前的规定：

发球员需站在端线后、中点和边线的假定延长线之间的区域内。

发球员必须用手将球抛向空中，并在球落地前用球拍击球。对于单手运动员，允许使用球拍抛球。

发球时的规定：

发球员在发球过程中不得移动，两脚只能停留在规定区域内，不得触及其他区域。

发球员的位置：

局初，发球员应从右区端线后发球，每得或失一分后，换至左区发球。

发出的球必须越过网，落在对角的对方前场方块区域内或其周边的线上。

发球失误：

发球失误包括未击中球、发出的球在落地前触及除网、中心带和网边白布以外的固定物，以及违反发球站位规定。

第一次发球失误后，发球员应在同一位置进行第二次发球。

发球无效：

发球触网但依然落在对方发球区内，或者接球员未能做好接球准备时，应重新发球。

交换发球：

第一局结束后，发球员和接球员角色互换。

每局结束后，双方均依次交换发球和接球角色，直至比赛结束。

（2）交换场地

双方应在每盘的第 1、3、5 等单数局结束后，以及每盘结束双方局数之和为单数时，交换场地。

（3）失分

发生下列任何一种情况，均判失分。

①在球第二次着地前，未能还击过网。

②还击的球触及对方场区界线以外的地面、固定物或其他物件。

③还击空中球失败。

④故意用球拍触球超过一次。

⑤运动员的身体、球拍，在发球期间触及球网。

⑥过网击球。

⑦抛拍击球。

（4）双打

双打发球次序：

每盘的第一局，由发球方决定哪位球员首先发球。

对方在第二局开始时决定其发球球员。

第三局由第一局发球方的另一位球员发球，第四局则是第二局发球方的另一位球员发球。

之后的每一局，发球顺序按照这种方式循环。

双打接球次序：

先接球的一方在第一局开始时决定谁先接发球，这位球员在整个盘的单数局中持续接发球。

对方在第二局开始时决定谁先接发球，这位球员在双数局中持续接发球。

接球方的两位球员在每局中轮流接发球。

双打还击规则：

接发球后，双方队员应轮流击球。

如果在队友击球后，某位球员再次用球拍触球，将被判为对方得分。

（5）计分方法

一局的计分：

每胜1球得1分，先获得4分的球员赢得1局。

当双方各得3分时，称为"平分"，之后净胜2分的球员赢得该局。

一盘的胜利条件：

一方先赢6局即获得1盘。

当双方各赢5局时，一方需净胜2局才能赢得该盘。

决胜局计分制：

当一盘局数为6平时，有2种决胜方式：长盘制和短盘制（抢七）。

长盘制：一方需净胜2局才能赢得该盘。

短盘制（抢七）：

先得到7分的球员赢得该局和该盘，若比分为6平，一方需净胜2分。

发球顺序：先发球员发第1分球，对手发第2、3分球，之后轮流发2分球，直至比赛结束。

发球区：第1分球在右区发，第2分球在左区发，第3分球再回到右区发。

场地交换：每6分球和决胜局结束都要交换场地。

短盘制的详细计分：

计分从0∶0开始，发球员A发第1个球。

B发第2、3个球，之后每2分球换发球，先从左区发。

计分时，报分为3∶0或1∶2，而非40∶0或15∶30，以此类推。

当比分达到5∶5、6∶6、7∶7等，需连胜2分才能决定胜方，但记录比分时统一为7∶6。

决胜局结束后，双方交换场地。

比赛格式：

男子网球：戴维斯杯、四大满贯和奥运会决赛采用五盘三胜制，其他比赛采用三盘两胜制。

女子网球：所有女子网球比赛均采用三盘两胜制。

4. 网球运动的价值和意义

（1）逐渐兴起的健身运动

网球作为全球广受欢迎的运动之一，因其优雅与文明的特质，常被誉为"贵族运动"和"高雅运动"，是众多爱好者休闲和度假的首选活动，独特的网球文化更使之成为现代生活方式的时尚象征。

（2）强身健体

网球是一项理想的户外有氧运动，尤其适合那些因忙碌的工作、学习和生活而缺乏户外活动的人们，它能够提供一个从室内环境抽离，享受户外锻炼和新鲜空气的机会。

网球运动，如同其他体育项目，深度融合了人体结构学、运动心理学和营养学等多学科知识，它通过增强心肺功能、促进血液循环和热量消耗，有效提升免疫系统效能，加快疾病康复，达到全面健身的效果；随着技能的精进和比赛经验的积累，不仅能带来身心愉悦，激发更高层次的技术追求，而且强调优秀身体素质的基础作用，是持续进步的关键。

（3）可以提高人的综合素质

网球文化通过其内在的技能、心理素质、规则和礼仪，潜移默化地塑造着参与者的思维方式、道德观念和行为习惯，从而全面提升个人的综合素质。

（4）最为时尚的运动之一

随着健康意识的提升和生活品质的改善，网球作为一种兼具高雅气息与健身效果的运动，正逐渐成为都市人群追求生活品质的新风尚。

（5）终身参与，终身受益

网球运动的独特魅力在于其广泛的包容性和适应性，它几乎不受年龄和性别的限制。年轻人能在网球中展现活力与力量，少年儿童则在快乐中培养技能，中老年人亦可根据自身状况调整运动强度，享受网球带来的乐趣。这项运动的可控性和趣味性，让参与者能够自由调节运动节奏，无论是快节奏的激烈对抗还是轻松舒缓的练习，参与者都能在享受中达到锻炼的效果，相当于完成了几千米的跑步。此外，由于网球是非接触性运动，隔网对峙的特点大大降低了运动伤害的风险，因此，网球成为拥有最长运动寿命的体育项目之一，适合终身参与，持续促进身心健康。

（6）培养人诚实守信的优秀品质

在业余网球比赛中，尤其是在没有裁判监督的信任制环境下，运动员的诚实品质显得尤为重要，准确判断球是否出界并尊重对手，是诚信的直接体现，网球运动也因此成为反映个人诚信品质的体育项目之一。

（7）培养团队协作的精神

网球虽然常常被视为一项个人运动，但在团队环境中，比如教练与球员的合作、队友间的交流及双打搭档的协作，它同样强调团结协作的精神。在双打比赛中，默契配合至关重要，这不仅体现在战术上的相互支持，更体现在精神层面上的相互尊重与鼓励。面对失误，勇于承担责任并共同寻找解决方案，能够极大地增强团队的凝聚力和战斗力。这种在网球比赛中培养的团结协作精神，对学生未来步入社会后的人际交往和团队合作能力有着深远的影响，使他们在各种集体活动中能够更加游刃有余，展现出优秀的团队合作品质。

（8）培养更加自信的心理状态

自信与自负虽一字之差，却代表了截然不同的心理态度。自负往往源于不切实际的自我膨胀，而真正的自信则是建立在勤奋学习、谦逊态度和勇于面对挑战的基础上，它是一种积极向上的心态。在网球比赛中，心理状态扮演着至关重要的角色，尤其是在技术水平相当的对手之间较量时，心态的稳定与否往往成为决定胜负的关键。网球运动能够有效地磨炼个人的心理素质，帮助运动员学会如何在各种内外压力下保持冷静，确保技术和战术的正常发挥，不受自我情绪波动或外界因素干扰，这种心理韧性是网球运动赋予参与者的一项宝贵财富。

（9）塑造文明、礼貌、高雅的气质

网球文化的底蕴源自一个多世纪以来形成的传统习俗、管理者制定的规则及广大网球爱好者共同遵循的价值观。在网球礼仪中，尊重贯穿始终——运动员之间、运动员与教练、运动员与观众之间的互动皆需以礼相待。观众在比赛中途应保持静默，避免走动或发出声响，以免干扰比赛进程。现代网球在继承了这一份古典的优雅与礼貌的同时，也融入了更多包容性和普及性的元素，因此成为一项深受大众喜爱的运动。一个在球场上展现出文明举止、遵守礼仪、具备良好教养的网球运动员，无论走到哪里，都能赢得他人的尊敬和喜爱。这种结合了传统与现代的网球文化，不仅提升了运动本身的品质，也为参与者树立了正面的社会形象。

（10）充分施展个性，身心放松

面对现代生活中的种种压力，如职场挑战、学业负担、情感困扰乃至健康问题，寻找有效的压力缓解方法变得尤为重要。研究显示，适量的体育活动不仅能提升体能，还能增强人体的免疫力，因此，挑选适合个人的运动方式并辅以充分的休息，成为减轻压力、调整免疫状态的理想途径。网球运动，以其需要高度集中注意力、迅速移动和有力击球的特点，为参与者提供了一个释放日常压力、消除身心疲惫的渠道，通过全情投入的运动过程，人们得以暂时抛开烦恼，达到深度放松的状态。

第二节　学校体育产业文化

体育产业作为国民经济的一部分，涵盖了生产体育物质与精神产品及提供体育服务的各类行业，旨在创造市场与经济效益，同时肩负着提升国民体质、促进社会发展、弘扬民族精神和推动社会文明进步的重任。这一产业体系包括体育核心产业、外围产业、中介产业及消费者市场，其发展不仅丰富了经济结构，也促进了社会文化和民众健康的全面提升。

高校体育产业作为体育产业的重要分支，近年来受到了广泛关注。它以市场需求为导向，致力于将高校体育服务产品从生产到消费的各个环节串联成一套完整的市场体系，实现一体化的市场运营。高校体育场馆在此过程中扮演着关键角色，成为体育产业发展的物理基础。尽管我国高校体育产业已取得一定进展，但仍存在潜力未充分挖掘、支柱产业未成形、本体化程度不高及适应新时代体育需求的能力不足等问题。

高校体育产业的壮大无疑为高校体育事业的发展带来了新机遇，不仅有望缓解政府对高校体育资金投入不足和渠道单一的问题，还能促进体育教育投资，构建多元化的体育服务体系，推动全民健身活动的广泛开展。此外，通过体育协会的运作，可促进体育市场的成熟，为高校体育提供持续动力，拓展体育文化领域，培育教育、健身、娱乐和竞赛市场，同时开发体育无形资产，为高校体育开辟更多发展空间。综上所述，高校体育产业的健康发展对提升体育教育质量、丰富体育文化内涵和增强全民体质具有不可估量的价值。

一、高校体育资源概述

（一）高校体育资源现状

高校体育资源，涵盖人力、财力与物力的综合集合，主要包括体育场地设施、体育课程设置、体育人才储备及相关的资料与仪器设备。作为我国全民健身公共服务体系的基石，高校体育资源不仅满足了校内师生的体育健身与文化需求，还承载着向社会提供教育与服务的公共责任。当前，体育场地设施的可获取性成为制约大众体育活动参与率的一大瓶颈。统计显示，高校拥有的体育场地约占全国总量的 67.17%，这意味着高校体育资源的开放程度直接影响国民体育素质的整体提升。因此，如何有效利用并开放这些资源，使之惠及更广泛的公众，成为推动全民健身战略实施的关键所在。高校体育资源的充分利用不仅能够满足校园内的体育教学与活动需求，还能辐射社区，促进社会体育文化的普及与发展，对提升国民健康水平和生活质量具有重要意义。

（二）高校体育场地资源发展建议

1. 优化教育资源配置

实施多校区办学模式下，需精细规划各校区的教学资源分配和学生人数布局，确保场地使用效率最大化，同时防止资源闲置和浪费。

2. 转变体育场地经费筹措模式

鉴于国家财政投入相对有限，高校应探索建立多元化的体育设施资金筹集机制，包括高校自主筹资，吸引私人企业、社会团体和个人投资，形成以高校为主体、多方参与的投资格局。

结合市场经济和体育产业化趋势，运用多种融资方式，如发行债券、众筹、合作共建等，拓展体育场地建设的资金来源。

3. 逐步推进高校体育场地资源管理体制改革

应社会需求，逐步改革高校体育场地的封闭管理模式，引入市场化运营机制，使体育场馆能够按照市场经济规律运行，加速对外开放进程，推动高校体育产业的商业化转型，为高校体育资源的可持续发展注入活力。

4. 积极引入新兴体育项目

高校应借鉴成功的体育品牌建设经验，结合学校特色，积极探索新兴体育项目的引入与推广，打造具有高校特色的体育文化，丰富体育课程，激发学生兴趣，提升体育活动的吸引力和参与度。

二、高校体育资源的社会化运作

（一）高校社区体育人口状况

高校社区体育活动呈现多样化特征，参与者倾向于选择长走、跑步、交际舞、体育舞蹈、羽毛球、健身器械运动和乒乓球等项目。这些活动通常在体育场馆、住宅小区的空旷地带、公园或是公路街道旁进行。在体育消费方面，运动服装和鞋帽的购置占据了最大比例的开销，其次是前往体育场馆进行娱乐健身的花费。性别差异方面，男性体育人口的消费水平普遍高于女性；年龄分布上，30～39岁的体育人口表现出较强的消费活力，而60～70岁的老年体育人口则显示出较弱的消费能力。值得注意的是，体育人口的体育消费与其教育水平、经济收入呈正相关，即教育程度越高、经济收入越丰厚的体育人口，体育消费水平也相应更高。这表明教育和经济因素对体育消费行为有显著影响。

（二）高校体育资源的社会化共享

1. 高校体育资源社会化共享的意义

高校体育资源的社会化共享不仅体现了高等教育机构的社会责任与担当，也是推进体育现代化、满足民众体育需求的有效途径。高校作为社会的重要组成部分，其社会服务功能的发挥，尤其是体育资源的开放，对构建和谐社会、促进体育普及具有深远意义。与社区体育设施相比，高校体育资源相对充裕，加之高校体育设施的专业维护和体育师资力量的优势，高校体育资源的社会化共享成为当前体育现代化的必然趋势。此举不仅能够弥补社区体育资源的不足，还能通过专业指导提升社会体育爱好者的技能水平，同时为高校体育教师和学生提供社会实践平台，促进知识与能力的双重提升。

2. 高校体育资源社会化共享的可行性分析

从可行性角度来看，鉴于高校地理位置多位于人口密集的城市区域，其体育资源的开放能有效满足城市居民体育锻炼的空间需求。多数市民居住地邻近高校，便于利用高校体育设施进行锻炼和休闲活动。时间维度上，高校体育资源的使用高峰期集中在工作日的教学时段，而周末及寒暑假期间，体育场地的利用率较低，为社会化开放提供了窗口期。通过合理规划开放时间，既能满足社会需求，又不会干扰高校的正常教学秩序。

3. 高校体育资源社会化共享的时间分析

高校体育资源的社会化共享，不仅在理论上具备可行性，在实践操作层面也存在切实可行的实施方案。高校应把握机遇，根据自身条件设计具体的服务计划，积极参与体育现代化的进程，为促进全民健康和体育事业的发展贡献力量。同时，这也为高校体育资源的高效利用和价值拓展开辟了新路径，实现了教育与社会服务的双赢局面。

（三）高校体育资源产业化的推动作用

1. 增加体育设施养护的财政投入

为了促进高校体育资源的社会共享并确保设施的长效运行，有必要加大对体育设施养护的财政投入。考虑到设施使用频率的增加，维护保养的成本自然上升，因此，高校可以采取多渠道筹集资金的方式，包括向教育行政部门申请专项经费、接收社会捐赠或赞助，甚至探索校企合作模式，通过企业冠名或品牌宣传等方式筹集资金，实现资源共享与商业价值的双赢。

2. 为高校体育事业发展提供市场化多元发展模式

高校体育事业的市场化多元发展模式为体育资源的社会共享提供了广阔前景。通过构建多元化体育服务体系，高校不仅可以拓宽全民健身的服务范围，还能引领大众参与多样化的健身活动，为全民健身开辟更多途径。这一过程中，高校体育文化的影响力得以扩大，体育教育、健身娱乐和竞赛表演市场得以培育，进而促进了体育无形资产的开发，为高校体育的长远发展开辟了新道路，实现了社会效益与经济效益的双丰收。

三、高校体育资源产业化的影响

虽然我国已经初步建立起较为完整的学校体育场馆对外开放体系，但是学校在对外开放体育场馆的实施过程中依然面临着许多难以回避的现实难题，从而导致现有规定保障效果大打折扣。

（一）校园安全影响

开放体育设施给社会公众使用，无疑增加了校园安全管理的复杂程度。外来人员的进出可能带来人身与财产安全风险，尤其是在监控大量流动人员的健身活动方面，学校面临较大挑战。为解决这一难题，国家体育总局正在探索风险管理与责任保险方案，以期在保障安全的同时，推动体育场馆的开放进程。

（二）经费资助影响

体育场馆对外开放会增加维护与管理成本，需从有限的教育预算中划拨额外经费，这对学校财务造成一定压力。试点学校与非试点学校在经费资助上的差异，也可能抑制非试点学校开放体育场馆的意愿。为避免财政负担过重，影响教育质量，需建立稳定的政府资助机制，确保财政投入的持续性和有效性。

（三）组织管理影响

体育场馆开放牵涉政府、学校、社会团体及个人等多方面利益，需明确各方职责，确保管理顺畅。对外来健身人员的有序引导与安全管理尤为关键，既要提供优质服务，也要防范体育纠纷，保障人员安全。因此，建立健全的行政保障制度，明确政府相关部门的监管职责，是推动学校体育场馆对外开放的关键。

第三章　形体健身运动技巧

第一节　健　美　操

一、概述

（一）健美操的概念

健美操是一项融体操、舞蹈、音乐于一体，以有氧练习为基础，以健、力、美为特征的体育健身运动。它既是健身美体、陶冶情操的大众健身方式，又是竞技运动的项目之一。健美操以其自身固有的价值和魅力，风靡全世界，深受广大青年学生及群众的喜爱。

（二）健美操的分类

健美操以其丰富的形式和广泛的适用性，被细分为健身健美操、表演健美操和竞技健美操三种主要类别，每种类型都承载着不同的目标与功能。

健身健美操聚焦于身体健康与体态改善，涵盖了有氧操、形体操、力量操及水中操等多种形式。有氧操旨在提升心肺功能和提高有氧代谢能力，形体操则侧重于肌肉控制与气质培养，力量操致力于肌肉线条的保持与防退化，水中操利用水的阻力，适合中老年人及康复者，减轻关节负担。健身健美操动作简洁实用，音乐节奏适中，重复动作较多，确保运动负荷均衡，强调安全性与健康效益。

表演健美操的重点在于舞台展示，其动作设计更为复杂多变，音乐节奏可根据表演需求自由调整，动作少有重复，不对称性增加，旨在创造视觉冲击力。表演者可以是单人或团队，利用道具如花环、旗帜，甚至融合爵士舞等舞蹈元素，增强表演的吸引力和观赏性。参与者须具备较高的身体素质、协调性、表演意识与团队协作能力。

竞技健美操以比赛为核心，设有男单、女单、混双、三人和六人项目，严格遵守比赛规则，对参赛人数、场地、时间及动作编排有明确限定。竞技健美操追求动作创新与高难度，避免重复与对称，近年来更倾向于加入空中转体等高风险动作，对运动员的体能、技巧和表现力要求极高，目的是在竞技场上脱颖而出。

综上所述，健美操的不同分支体现了其多元化的发展趋势，无论是在健身、艺术展示还是在竞技层面，健美操都展现了其独特的魅力与价值，满足了不同人群的需求与期待。

（三）健美操的特点

健美操作为一种广受欢迎的体育活动，其独特之处在于它结合了健身塑形的实际效果、娱乐休闲的普及性及与时俱进的动感节奏，形成了鲜明的特性。

健身美体的实效性源于健美操的科学基础，它综合运用了解剖学、运动生理学和体育美学等领域的知识，精心编排了一系列能够促进人体健康的美观动作。这些动作不仅覆盖了全身多个关节，还通过高强度和高频率的刺激，有效提高了运动效能。健美操的灵活性允许针对特定身体部位进行强化训练，有助于矫正体态，塑造理想身形，从而实现身心的全面优化。

健身娱乐的群众性体现在健美操的包容性和趣味性上。这项运动打破了年龄、性别和体能水平的界限，让大众都能在锻炼中感受到美的熏陶，进行美的展现。参与者在跟随音乐节奏舞动的过程中，既能获得身体的锻炼，又能体验到情感的释放和精神的愉悦，营造出一种积极向上、充满活力的氛围。

节奏鲜明的时代性是健美操不可或缺的灵魂。它与现代音乐紧密相连，从迪斯科、爵士乐到摇滚，甚至是融合了这些元素的民族音乐，无不展现出时代特有的韵律感。音乐的激情与动感激发了健美操的生命力，使其成为一种反映当代生活节奏和审美趋向的体育形式。健美操的音乐选择和编排，总是紧跟潮流、不断创新，确保了其历久弥新的吸引力。

二、基本动作

（一）手形

1. 五指并拢式：五指伸直，相互并拢［图3－1（a）］。
2. 五指分开式：五指用力伸直，充分张开［图3－1（b）］。
3. 西班牙舞手势：手指用力，小指、无名指、中指食指依次错落排放，拇指稍内扣［图3－1（c）］。
4. 芭蕾手势：五指微曲，后三指并拢，稍内收，拇指内扣［图3－1（d）］。
5. 拳式：握拳，拇指在外［图3－1（e）］。
6. 推掌式：手指用力上翘，五指自然弯曲［图3－1（f）］。
7. 一指式：握拳，食指伸直［图3－1（g）］。
8. 响指：拇指与中指摩擦，做打响指状，无名指、小指曲握［图3－1（h）］。

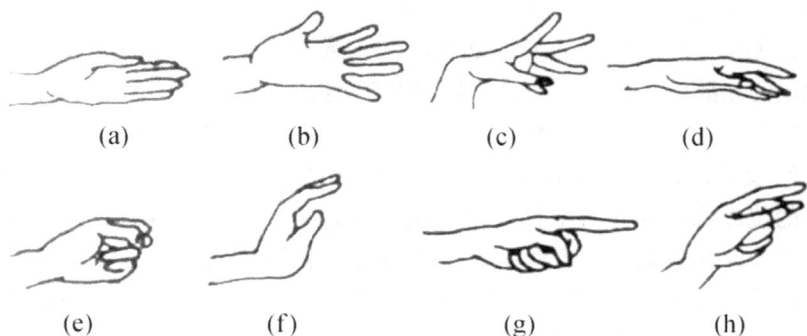

(a)　　　　　　(b)　　　　　　(c)　　　　　　(d)

(e)　　　　　　(f)　　　　　　(g)　　　　　　(h)

图 3 – 1　手形

注：（a）五指并拢式；（b）五指分开式；（c）西班牙舞手势；（d）芭蕾手势；（e）拳式；（f）推掌式；（g）一指式；（h）响指

（二）身体各部位基本动作

1. 头、颈部动作

在健美操中，头颈部动作的设计旨在增强这一区域的灵活性和力量，同时提升整体协调性。这些动作主要由几种基本类型构成，每种都有其独特的执行方式和目的。

首先，"曲"动作涉及头颈部朝不同方向弯曲，可以进一步细分为向前、向后、向左和向右弯曲。这些动作有助于锻炼头颈部肌肉的柔韧性，并且能够促进血液循环，缓解日常紧张造成的僵硬。

其次，"转"动作要求头部围绕身体的垂直轴旋转，可以是向左或向右旋转。这种类型的运动有助于扩大颈部的旋转范围，增强深层稳定肌群的功能，同时可能对颈椎起到一定的按摩作用。

最后，"绕"和"绕环"动作则需要头部以颈部为轴心做出更复杂的弧线或圆周运动。它们不仅增加了运动的难度，也提升了训练的全面性，确保颈部肌肉得到均匀的发展。

在执行所有这些头颈部动作时，健美操强调几个关键点来确保安全性和有效性。首先，上半身应始终保持正直，避免因躯干的不必要移动而分散了对目标肌肉群的专注。其次，动作的速度应当控制得较为缓慢，这有助于肌肉的控制和平衡，同时也减少了受伤的风险。再次，每次动作的方向应该清晰明确，确保颈部肌肉被有效地激活。最后，特别注意在动作的极限位置，颈部的被动肌群能够得到充分的伸展，这对于增加肌肉长度和减少紧张至关重要。

通过遵循这些动作要求，健美操的参与者能够在保护颈椎健康的同时，增强头颈部的力量和灵活性，进而提升整体的身体素质。

2. 肩部动作

肩部动作在舞蹈、健身操及体操中扮演着重要角色，由提肩、沉肩、绕肩、肩绕环和振肩等元素构成，旨在增强肩部的灵活性与力量。具体来说，提肩动作要求肩胛骨向上运动，无论是单肩还是双肩，都能以同步或交替的方式进行，动作幅度应尽可能大，体现出力量感。相反，沉肩动作则是肩胛骨向下运动的过程，同样适用于单肩或双肩，且在执行时力求下沉至最大限度，确保动作的力度与深度。

绕肩动作涉及肩关节作为轴心完成小于360°的弧形运动，无论是单肩还是双肩，向前、向后的绕动都应在保持上体稳定的情况下进行，同时两臂放松，避免头颈部位前伸，保证动作流畅连贯、速度均匀、幅度充足。肩绕环动作则是在绕肩动作的基础上，完成360°及以上的完整圆周运动，无论是单肩还是双肩，动作要求同样严格，强调连贯性、速度和幅度。振肩动作是一种快速而富有弹性的运动，它要求上体固定不动，肩部则急速向前或向后摆动。无论是双肩同时还是交替进行，振肩都需展现出速度、力度与弹性，以增强肩部肌肉的爆发力。

综上所述，在进行肩部动作练习时，需注重动作的幅度与力量，特别是在提肩与沉肩时，需追求极致的上下运动。在绕肩与肩绕环动作中，上体应保持静止，两臂放松，确保动作的连贯性和均匀速度，同时最大化运动幅度。振肩动作则侧重于速度、力度和弹性，旨在强化肩部肌肉的动态性能。练习这些动作，可以全面提升肩部的运动能力和表现力。

3. 上肢（手臂）动作

上肢或手臂动作的多样性体现在其丰富的表现形式，由举、屈、摆、绕、绕环和旋等基本元素构成，每个动作都有其特定的技术要点和美感呈现。

举是指手臂以肩关节为轴，活动范围不超过180度，并在某一位置停留的动作，包括了前举、后举、侧举以及各种中间方向的举，如侧上举、侧下举等。无论是单臂还是双臂，进行举的动作时，都应注重肩部下沉，以维持动作的平衡和优雅。

屈指的是肘关节弯曲成一定角度的动作，如胸前屈、胸前平屈、肩侧屈、肩上侧屈等，涵盖了从胸部到头部后方的多种弯曲方式。在屈的过程中，同样需要保持肩部稳定下沉，确保动作的流畅性和力度控制。

摆是以肩或肘关节为轴，向身体四周做类似钟摆的运动，可单臂操作，也可双臂同时或依次进行，方向包括前、后、左、右。摆动时，起始点和结束点都应保持自然的弧线轨迹，使动作显得更加协调与优美。

绕涉及手臂做180°以上但未达到360°的弧形运动，可单臂、双臂进行，方向多样，包括向内、外、前、后。这一动作要求手臂的弧线流畅、动作连贯。

绕环则是手臂做360°及以上的圆形运动，同样以肩关节为轴，可以向前、向后或向内完成。绕环要求动作圆润，速度均匀，展现手臂的灵活性和控制力。

旋动作是以肩或肘关节为轴心，完成手臂的旋内或旋外，这不仅增加了动作的复杂度，也考验了舞者或运动员对关节活动范围的掌握。

在进行所有上述上肢动作时，上体应保持正直，位置准确，确保动作幅度充分，力量传递至肢体最远端。此外，动作的重复不应显得机械，而应充满节奏感和韵律，体现出身体的协调性和艺术表现力。通过这些精细的动作训练，上肢可以展现出更高级别的运动技巧和表现能力。

4. 胸部动作

（1）动作组成

胸部动作由含胸、展胸和移胸等动作组成。

①含胸：指两肩内合，缩小胸腔。

②展胸：指两肩外展，扩大胸腔。

③移胸：指髋部固定，胸向左、右水平地移动。

（2）动作要求

练习时，收腹、立腰。含胸、展胸、移胸要达到最大极限。

（三）健美操规则规定的七种基本步伐

依据国际体操联合会健美操技术委员会所制定的《竞技健美操竞赛规则》，健美操的步伐被细致地划分为七种主要类型，每一种步伐都承载着独特的动态美感和体能要求。

踏步是两脚轮流做屈膝提拉与踏地的连续动作，它包含脚尖轻触地面的踏步、脚完全离地的踏步，以及高抬腿的大幅度踏步。在执行踏步时，应当注意落地时由脚尖过渡到脚跟的平稳接触，膝盖适度弯曲，胯部微收，同时双臂自然地前后摆动，营造出轻松而有力的节奏感。

开合跳涉及从并腿状态跳至双腿分开站立，再由分腿跳回并腿站立的过程。在开合跳中，分腿时双腿应自然向外打开，膝关节应沿着脚尖的方向自然弯曲，且在跳起与落地时，膝部需做出适当的缓冲动作，以保护关节并增强动作的连贯性。

吸腿跳要求单腿跳跃的同时，另一腿迅速屈膝向前或侧方提起，大腿需用力上提，小腿则自然下垂，呈现出一种蓄势待发的动感。

踢腿跳包括小幅度与大幅度的直腿向前或侧方踢出，此动作强调在踢腿瞬间的加速用力，同时要求上体保持正直，腰部挺立，以此保证动作的稳定性和视觉冲击力。

弓步跳是指从并腿跳起后，在落地时形成前、侧或后弓步的姿势，关键在于掌握好身体的重心，确保动作的平衡与协调。

弹踢腿跳相较于吸腿跳，加入了小腿的弹踢动作，即在大腿抬至一定角度后，小腿自然伸直并伴随膝关节的轻微控制，形成一个快速而有力的弹踢。

后踢腿跳类似跑步中的抬腿动作，两脚交替进行，小腿向后屈，髋关节与膝关节保持在同一直线上，小腿叠放于大腿之上，展现出后踢腿的力度与精确性。

在健美操的实践中，每一种步伐都有其特定的动作要求，从身体的姿势到肌肉的运用，乃至呼吸的配合，都需要精心掌握，以确保动作的规范性和表现力，从而达到最佳的健身效果和观赏性。

三、竞赛规则和裁判法

健美操竞赛遵循一套严格的标准和规定，旨在评估参赛者的技巧、创意和表演能力。以下是比赛的主要方面概述：

（一）竞赛项目

健美操比赛包含五个项目：男子单人、女子单人、混合双人、三人组合及集体五人赛，每项赛事都考验不同层次的团队合作和个人技能。

（二）比赛场地

比赛在高度介于 80～140 厘米之间的赛台上进行，该区域不得小于 14 米×14 米，并配备有背景遮挡。赛台中央是 12 米×12 米的竞赛地板，其周围有 5 厘米宽的黑色标记带划定竞赛区。单人、混合双人和三人赛的竞赛区为 7 米×7 米；集体五人赛的竞赛区则为 10 米×10 米。

（三）比赛时长

成套动作的时长定为 1 分 45 秒，允许有 5 秒的上下浮动空间，以适应不同的表演需求。

（四）难度动作数量

每套动作必须包含至少四个类别中的各一个难度动作：动力性力量、静力性力量、跳与跃、平衡与柔韧，总数不得超过 12 个。过多的难度动作或特定类型的过度使用将受到扣分处罚。

（五）评分方法

评分体系涉及多个方面，包括艺术、完成和难度评分，由艺术裁判、完成裁判、难度裁判、视线裁判、计时裁判和裁判长共同评判。

艺术分：最高 10 分，涵盖操化动作、难度动作创编、音乐使用、操化组合、场地利用和表现力等。

完成分：初始为 10 分，根据技术技巧、节奏一致性的表现进行加/扣分。

难度分：依据难度动作的复杂度加分，超限或重复将导致扣分。

违规触及标记带外的场地或出现违例动作也会被扣分。

（六）着装要求

运动员需穿着适宜的健美操服装和运动鞋，服装需简洁、美观且不得携带悬垂饰物。女性选手的头发必须束起，避免遮挡面部，允许化淡妆，禁止佩戴首饰。

整个评分系统和比赛规则确保了健美操竞赛的专业性和公正性，同时也提升了观众的观赛体验。

第二节　瑜　　伽

一、瑜伽概述

瑜伽，源于古印度的身心灵实践体系，其核心理念在于实现个体与宇宙的和谐统一。瑜伽一词源自梵语"Yuj"，意为"联结""结合"，象征着身体、心灵与精神层面达到和谐的状态。它不仅是一种体育活动，更是一门融合哲学、科学与艺术的综合学问，深深植根于古印度的文化土壤之中。

瑜伽的起源可追溯至约 5000 年前的古印度，那时的智者们为了寻求内心的平静与宇宙真理，选择隐居山林，通过冥想与静坐来洞察生命的本质。在长期的修行过程中，他们观察自然界，领悟万物运行之规律，并将这些智慧应用于人体，探索身体与心灵的内在联系，逐渐形成了瑜伽这一独特的修炼方式，旨在通过体位法、呼吸控制、冥想等手段达到身心健康的目的。

瑜伽的历史可细分为四大阶段：

1. "吠陀瑜伽"时期，以"韦达经"为代表，瑜伽与早期宗教仪式紧密结合。

2. "前经典瑜伽"时期，标志为"奥义书"的出现，瑜伽开始探讨更为深奥的精神层面。

3. "经典瑜伽"时期，以帕坦伽利的《瑜伽经》为里程碑，瑜伽体系得以系统化，八支瑜伽路径被正式提出。

4. "后经典瑜伽"时期，即近代以来，瑜伽逐渐走出印度，成为全球范围内广受欢迎的身心修炼法。

随着时代的变迁，瑜伽发展出了诸多流派，如古典瑜伽、阿斯汤加瑜伽、艾扬格瑜伽、流瑜伽和热瑜伽等，每种流派都有其独特的侧重点和训练方法。时至今日，瑜伽已传播至世界各地，因在减缓心理压力、增强身体健康方面的显著效果而深受人们喜爱。无论是作为人们减压放松的手段，还是追求更高层次精神觉悟的途径，瑜伽都展现出了其跨越时空的魅力与价值。

二、瑜伽练习的准备工作与注意事项

（一）准备工作

瑜伽作为一种身心灵的修行方式，其实践需遵循一定的原则和注意事项，以确保练习的效果和安全性。以下是练习瑜伽时应考虑的关键要素：

1. 心情

瑜伽强调内在平和与喜悦，因此练习时应保持心情愉悦，心态开放。对于初学者而言，不必过分担忧技巧的完美，重要的是享受过程，保持自信与微笑，让瑜伽成为一种释放压力、提升幸福感的方式。

2. 时间

瑜伽的美妙之处在于其灵活性，参与者可以依据个人的日程安排来确定练习时间。关键是要在空腹状态下进行，这样既能避免消化不良，又能更好地专注于呼吸与体式。无论早晚，只要条件允许，都是练习瑜伽的好时机。

3. 地点

选择一个安静、整洁且通风良好的空间，有助于深度呼吸与冥想。室内装饰可以加入自然元素，如绿植或花卉，播放柔和的音乐，营造宁静氛围。户外练习也是不错的选择，如在花园、海滩等环境优美的地方练习，但应避开恶劣天气和污染严重的区域。

4. 衣着

穿着应以舒适、宽松为主，优选棉麻材质，确保肌肤透气，活动自如。练习时应脱鞋，必要时做好足部保暖，摘除所有配饰，以免干扰练习。

5. 用品

准备瑜伽垫或其他软垫以保护关节，穿着适合伸展的瑜伽服装，保持身体的灵活与舒适。

6. 沐浴

瑜伽练习前后不宜立即沐浴，以免影响身体的自然调节机制。练习前至少等待 1 小时，练习后至少等待 20 分钟，才能沐浴，以避免体温急剧变化带来的不适。

7. 饮食

练习前 2~3 小时应避免进食，但可以适量补充水分。选择清淡、易于消化的食物，避免油腻和辛辣，保持身体轻盈，有利于瑜伽动作的执行与呼吸的顺畅。

综上所述，瑜伽不仅是体式的练习，更是一种生活方式的体现，通过上述指导，可以帮助你更好地融入瑜伽的世界，享受它带来的身心益处。

（二）注意事项

瑜伽作为一种综合性的身心修炼体系，其练习需要遵循一定的原则，以确保安全性和有效性。以下是关于瑜伽练习的重要指导原则：

1. 空腹或半空腹状态下练习

为了达到最佳的练习效果，瑜伽应在空腹或半空腹状态下进行。这是因为瑜伽的许多动作涉及身体的扭转、弯曲和伸展，这些动作可能会对饱腹的胃部造成不适，甚至引发恶心或呕吐。通常建议在饭后等待 3~4 小时，以及在饮用流体后等待约 1 小时再开始练习，这样可以避免消化过程中可能出现的问题。

2. 合理选择动作难度

瑜伽包含了一系列从简单到复杂的体式，每个体式都有其特定的益处和挑战。练习者应当根据自己的身体条件和经验水平，合理选择适合自己的动作难度。过度追求高难度动作，尤其是超出个人身体极限的动作，可能会导致肌肉拉伤、关节损伤等伤害。正确的做法是在自己的极限边缘温和地伸展身体，逐步提升柔韧性和力量，而不是强行推拉或牵扯肌肉和关节。记住，瑜伽不是竞技运动，而是一种促进身心和谐的练习，应该以安全、渐进的方式进行。

总之，瑜伽的练习应当在适宜的时间进行，并且要根据个人的身体状况和能力水平选择适当的体式。遵循这些原则，能够帮助练习者在瑜伽的道路上更加安全、健康地前进。

（三）瑜伽练习宜量力而行

如果在练习的过程中体力不支或身体颤抖，要即刻恢复原状。肌肉极度疲劳时继续高强度地练习瑜伽，身体会受伤。所以，体力不支的时候不要强迫自己去练习，也不要因为做不到某个瑜伽姿势而沮丧。只要经常练习，身体的耐受力会越来越强，姿势会越来越到位，自身体质也会越来越好。

三、瑜伽的呼吸方法

瑜伽呼吸法是一种深度控制呼吸的技术，旨在通过调整呼吸模式来平衡身体的能量流动，进而影响身心健康。瑜伽呼吸法强调使用整个肺部进行呼吸，从而促进血液循环，提高氧气供应，同时按摩内部器官，有助于放松身心，提升整体健康。下面介绍几种主要的瑜伽呼吸方法：

（一）腹式呼吸

腹式呼吸主要依靠膈肌的升降来实现，当吸气时，膈肌下降，腹部膨胀；呼气时，膈肌上升，腹部收缩。这种呼吸方式能有效减轻压力，调节自主神经系统，增强腹部器官功能。

放置双手于腹部，感受腹部随着呼吸的起伏。

吸气时，让腹部鼓起；呼气时，腹部内收。

每个呼吸周期保持均匀节奏，早晚各练习 100 次。

（二）胸式呼吸

胸式呼吸侧重于肺部中上部的呼吸，通过肋骨的扩展与收缩来实现。此法有助于强化腹肌，平静心绪。

双手置于肋骨两侧，保持腹部平坦。

吸气时，肋骨向外扩张；呼气时，肋骨向内收缩。

维持腹部的轻微内收，早晚各练习 100 次。

（三）锁骨式呼吸

锁骨式呼吸关注于肺部上部，通过锁骨和肩部的上下移动来辅助呼吸。

双手置于锁骨两侧，始终保持腹部和肋骨的内收。

吸气时，锁骨上推；呼气时，锁骨下移。

每个呼吸周期保持均衡，早晚各练习 100 次。

（四）胸腹式完全呼吸

胸腹式完全呼吸结合了腹式、胸式和锁骨式呼吸，实现了肺部的全面扩张，是一种高效的呼吸练习。

先进行腹式呼吸，然后过渡到胸式呼吸，最后扩展至锁骨式呼吸。

吸气时，依次让腹部、胸部和锁骨区域扩张；呼气时，顺序相反，从锁骨到胸部再到腹部。

在基础呼吸熟练后进行，避免屏息或急促呼吸，早晚各练习 100 次。

瑜伽呼吸法不仅能够促进身体健康，还能提升精神集中力和平静心态，是瑜伽实践中不可或缺的一部分。正确的练习方法要求循序渐进，逐渐增加呼吸的深度和长度，以达到最佳的身心效益。

四、瑜伽拜日式的基本动作

瑜伽拜日式，也称为太阳致敬式，是一系列连贯的体式序列，旨在向太阳神表达敬意，同时也是瑜伽练习中的经典热身序列。这套动作不仅能够唤醒身体、提高体温，还能帮助调整呼吸、平静心灵。以下是拜日式十二个基本姿势的整合描述：

1. 祈祷式

动作：站立，双脚并拢，双手合十置于胸前，闭眼，深呼吸。

益处：集中注意力，准备进入练习状态。

2. 展臂式

动作：双臂从两侧向上伸展，掌心相对，头部轻轻后仰，脊柱延展。

呼吸：吸气。

益处：伸展腹部脏器，锻炼手臂和肩部，增强脊柱灵活性。

3. 前屈式

动作：上身前倾，双手触及脚踝或地面，背部尽量保持直。

呼吸：呼气。

益处：促进消化，缓解便秘，加强脊柱和腿部肌肉。

4. 骑马式

动作：右脚前跨，左脚后伸，呈弓步，双臂平行地面，头后仰。

呼吸：吸气。

益处：增强腿部力量，促进腹部器官健康。

5. 山岳式

动作：身体呈倒 V 字形，双手和双脚着地，臀部抬高，头向下。

呼吸：呼气。

益处：强化手臂和腿部，增加脊柱柔韧性。

6. 八体投地式

动作：从山岳式过渡，身体下降，仅脚趾、膝盖、胸、手和下巴接触地面。

呼吸：呼气，屏息。

益处：强化核心，增加身体协调性。

7. 眼镜蛇式

动作：躺在地面上，用手臂力量将上半身抬起，背部弓起。

呼吸：吸气。

益处：强健脊柱，促进消化，伸展胸腔。

随后重复步骤 5 至 7 的动作，再次经过山岳式、骑马式、前屈式，回到展臂式，最终回到祈祷式，完成了一轮完整的拜日式练习。这一系列动作连贯流畅，能够全面激活身体，提升能量水平，是瑜伽练习者日常训练中的重要组成部分。在练习时，保持呼吸与动作的同步，每个姿势都要保持意识的清晰和身体的舒适。

第三节 花 毽

一、花毽全民健身套路创编

（一）初级套路

初级套路是花毽运动的基础，专为初学者设计，它涵盖了花毽中最核心的四种基本踢法：盘踢、磕踢、拐踢与蹦踢，以及里接和外落这两个衔接动作。这些技巧是学习复杂花毽技艺的基石。

盘踢是最基础的踢法，它要求踢毽者用脚内侧平稳地将毽子托起，保持毽子在空中旋转并控制其高度和方向。良好的盘踢技巧是掌握所有其他踢法的前提。

磕踢是在盘踢基础上的进阶，它要求踢毽者利用脚尖轻触毽子底部，使毽子迅速弹起，这种踢法可以替代盘踢来处理距离身体较近的毽子，增加踢毽的灵活性。

拐踢则是一种用于调整方向的踢法，通过脚外侧或内侧的接触，可以使毽子从一侧转向另一侧，对于远离身体的毽子尤其有效，有助于保持连续踢毽而不中断。

蹦踢（绷踢）是另一种关键技巧，它涉及使用脚背部位发力，可以产生不同力度的踢击，不仅能够挽救即将落地的毽子，还能作为过渡到各种花样踢法的重要环节。

在掌握了这四种基本踢法之后，初学者可以进一步学习里接和外落，这两种动作用于连接不同的踢法，让整个踢毽过程更加流畅自然。

初级套路的动作顺序通常遵循：盘踢—磕踢—拐踢—蹦踢—里接—外落。这一套动作的反复练习，能够帮助初学者建立稳固的技术基础，为进一步学习复杂的花毽技艺和套路打下坚实的基础。随着技能的提升，可以尝试更高级的组合和连贯动作，享受花毽带来的乐趣和挑战。

(二) 中级套路

中级套路标志着花毽技巧的进一步深化，它是对初级套路的拓展与升级，旨在为已经掌握基本踢法的爱好者提供更具挑战性的练习内容。在这一阶段，盘踢、拐踢、磕踢和蹦踢（绷踢）仍然是核心，但加入了小抹、拉燕和过山底等高阶动作，显著提升了套路的难度和观赏价值。

小抹是一种细腻的技巧，需要踢毽者微调脚踝来轻轻擦过毽子，使其改变方向或旋转，这一动作考验着踢毽者的控制力和敏捷度。

拉燕则是一种优雅的动作，它模仿了燕子飞翔的姿态，踢毽者需在空中完成一个弧线形的踢击，让毽子如同被燕子牵引般划出优美的轨迹。

过山底则是对空间感知和力量运用的综合考验，踢毽者需要将毽子踢至较高位置，然后在毽子下降过程中完成一系列技巧动作，再接住毽子，这一过程仿佛毽子翻越了高山又安然落地。

中级套路的动作顺序：盘踢—磕踢（可选择加入拐踢）—蹦踢—小抹—拉燕—过山底。这套动作要求踢毽者在保持基础踢法稳定的同时，融入更高难度的花样踢法，从而展现更为丰富多变的技巧。

对于练习者而言，中级套路的运动量和动作难度可以根据个人的身体条件和技术熟练程度适当调整。随着持续的练习，踢毽者将逐步增强对毽子的掌控能力，同时也能在更加精彩纷呈的花毽表演过程中享受到快乐。随着技术的不断提升，中级套路将成为通往更高级别技巧的桥梁，开启花毽艺术的新篇章。

(三) 高级套路

高级套路作为花毽技巧的巅峰展示，它在中级套路的基础上引入了更多极具挑战性的动作，如跳踢、绕转和朝天蹬。这些动作不仅极大地增强了套路的观赏性，同时也对踢毽者的体能、灵活性和技巧提出了更高的要求，适用于那些花毽技术已臻成熟，对花样踢法有着深厚理解与驾驭能力的高水平玩家。

在高级套路中，动作顺序：盘踢（或蹦踢）—小抹—拉燕（或过山底）—绕转—跳踢—朝天蹬。这一连串的动作流畅衔接，既考验踢毽者对毽子的精准控制，也检验其身体的协调与反应速度。鉴于高级套路的复杂度，练习者应当根据自身状况适时调整练习强度，避免过度负荷。

花毽套路体系的三个阶段——初级、中级和高级，它们之间环环相扣，初级套路奠定了坚实的基础，中级套路在此基础上提升技巧层次，而高级套路则将技艺推向极致。每一个阶段都是前一阶段的深化与扩展，强调基本功的重要性，确保踢毽者在追求高难度动作时，能够保持姿态的美观、动作的协调及步法的清晰。只有基础扎实，才能在花样踢法中游刃有余，实现眼、手、心、脚的完美统一。

花毽不仅是一项体育活动，更承载着丰富的文化内涵，它深深植根于中国传统文化之中，以其独特的魅力吸引着一代又一代的人们参与其中。花毽的传承与发展，不仅体现了中国传统文化的持久生命力，也促进了全民健身的多样化，融合了"仁爱""和谐"等儒家思想精髓。通过推广花毽，我们不仅能够传承民族文化，还能创新全民健身的形式，使之成为连接历史与现代、个体与社会的文化桥梁。

二、花毽竞赛规则

（一）（60 秒）计数赛

在毽球竞技中，单人计数赛与团队接力赛是两种主要的比赛形式，分别考验个人技能与团队协作。单人计数赛分为男子组与女子组，参赛者需在限定的 1 分钟内，运用 4 种基础技术——脚内侧踢（盘踢）、脚外侧踢（拐踢）、脚背踢（绷踢）及跳踢，尽可能多地完成踢毽次数。每一项技术单独计时 60 秒，最终成绩为 4 项技术的总和。

团队接力赛则由 4 名队员组成，他们需按照规定的 4 种技术顺序进行接力，但技术动作的衔接顺序可以自由决定。比赛流程为：首名队员以第一项技术踢毽 30 秒，随后在裁判员 5 秒倒计时后转换至下一位队员，后者采用第二项技术继续比赛，同样为30 秒。这一过程依次进行，直至所有队员完成比赛，队伍总成绩为 4 人踢毽次数的总和。每次转换时，前一名队员需将毽子踢起，无论高度，然后迅速退至边线外，下一队员立即入场，直接开始比赛。若用手触毽，则记为一次失误。

毽球的基本技术包括：

脚内侧踢（盘踢），双脚内侧交替踢毽计为一次；

脚外侧踢（拐踢），同上；

脚背踢（绷踢），同上；

跳踢，单脚起跳以脚内侧踢毽，交替踢计为一次；

膝上触踢（磕踢），双膝交替触踢毽计为一次；

脚内侧接停毽（里接），双脚交替进行计为一次；

脚背接停毽（外落），同上。

比赛中的违规行为包括但不限于：单脚连续踢毽、抢踢、毽子落地、使用非指定技术、脚触及或越过边线等，每项均计为一次失误。在团队接力赛中，若提前转换，则从总成绩中扣除 5 次踢毽机会。一旦用手接毽，首次计为失误，第二次则取消该项目的成绩，除非毽子落地后用手捡起继续比赛。

计数赛的场地为 2 米 ×2 米的正方形，边线为 4 厘米宽的白线，边线内视为有效区域。比赛统一使用标准毽球。名次的确定依据是有效次数，次数多者排名靠前；若次数相同，则失误次数少者优先；如果失误次数也相同，将进行加赛决定名次；若最终成绩仍无法区分，则名次并列。

以上规则确保了比赛的公平公正，同时也充分展示了毽球运动的高超技术与独特魅力。

（二）花样赛

1. 规定套路（男、女单人）

规定套路由 5 个规定动作按 1－2－3－4－5 的固定顺序组成（图 3－1）。花样赛规定套路采用扣分制进行评分，满分为 10 分。裁判员根据运动员临场完成规定套路的质量，对所出现的错误或失误进行扣分。

表 3－1　花样赛规定套路的评分标准

规定动作	动作说明及要求	扣分点	扣分标准
预备姿势	运动员一手平托毽子站立		
1. 盘踢（足内侧交替踢）	用托毽手将毽子在体前抛起。盘踢 5 次（左右脚交替踢计 1 次）	每次盘踢的支撑腿明显弯曲	扣 0.2 分
		踢起毽子的高度明显不一致	扣 0.2 分
		漏做某个单项动作中的一部分（次数不够）	扣 0.2 分
2. 磕踢接转身（磕转身 90°）	运动员完成第 5 次足内侧交替踢后，即用左膝盖将毽子踢起，左右互换，连踢 5 次，向左转体 90°（转体时应一次转过，不应边踢边转）继续连踢 5 次，再向左转体 90°，连踢 5 次。第 4 次转体后，运动员回到原来位置，共 25 次	每次磕踢的支撑腿明显弯曲	扣 0.2 分
		磕踢起的毽子高度明显不一致	扣 0.2 分
		向左（右）转体 90°不到位	扣 0.2 分
		漏做某个单项动作中的一部分（次数不够）	扣 0.2 分
3. 脚外侧接停（外落）	完成最后一次磕踢后将毽子落在右脚面上，然后将毽子抛起落在左脚面上，共两次（左右脚交替踢计 1 次）	完成落的动作时支撑腿弯曲缓冲	扣 0.2 分
		抛起毽子的高度低于腰部或高于胸部	扣 0.2 分
		接毽脚接毽时触地	扣 0.2 分
		漏做某个单项动作中的一部分（次数不够）	扣 0.2 分
4. 前额停毽子（上前额）	完成最后一次落毽后，运动员用足尖将毽子踢起，使毽子落在前额上稍停留，计完成 1 次	踢起的毽子超过运动员自身头部以上	扣 0.2 分
		前额接毽子时腿部明显弯曲缓冲	扣 0.2 分
		脚部移动明显	扣 0.2 分
		身体前后左右摆动明显	扣 0.2 分
		漏做某个单项动作中的一部分（次数不够）	扣 0.2 分

规定动作	动作说明及要求	扣分点	扣分标准
5. 左右交替跳踢	完成上头后，下来可用平踢过渡一次，然后完成跳踢3次，（左右脚交替踢计1次，每次踢起的毽子应过头），完成后运动员用手将毽子接住，还原成预备姿势	踢起毽子的高度未过头部	扣0.2分
		3次踢起毽子的高度明显不一致	扣0.2分
		毽子从体侧踢起上升角度明显偏离身体方向	扣0.2分
		3次跳踢面向明显不一致	扣0.2分
		漏做某个单项动作中的一部分（次数不够）	扣0.2分
其他错误扣分		漏做了某个单项动作	扣0.2分
		运动员跌倒	扣0.2分
		比赛进行中毽子落地、手接毽子、手击毽子	扣0.2分
		比赛中人或毽出场	扣0.2分
		比赛结束后手接毽子时，掌心向前或向下抓毽子	扣0.2分
		比赛中出现多余动作	扣0.2分

注：本说明为了方便起见，按以右腿为主的运动员编写。以左腿为主的运动员可按说明，从右腿开始第一盘，其中磕转身向右转体90°。

2. 自选套路（男、女单人）

自选套路采用加分制进行评分，裁判员根据运动员临场完成套路动作的难度、艺术表现、比赛编排评定分数，比赛时间为1分钟（60秒），误差为正负10秒。

①难度动作：从以下3类4种难度动作中任意选择6种以上自编成一套动作参加比赛。未在表格里出现的动作名称，可按类别分出，如遇从未在任何比赛中出现的动作，视为创新动作，应有1分的创意加分。失误则按0.5分值扣，允许音乐伴奏。难度动作的评分标准如表3-2所示。

表3-2　难度动作的评分标准

难度动作	A（0.5分）	B（1分）	C（1.5分）	D（2分）
跳跃动作类	屈腿左右摆动（左右交踢）	直腿前平举（大腿面与身体夹角成90°）	高举腿（腿、脚高于肩、脚底低于头）	高举腿连续跳踢（环龙）
	摆动腿绕毽1周	双腿各绕毽1周	脚或腿绕毽2周	双脚或双腿绕毽2周
	屈腿单侧连续跳踢	屈腿左、右腿互换连续跳踢	直腿单侧连续跳踢	直腿左、右腿互换连续跳踢

难度动作	A（0.5分）	B（1分）	C（1.5分）	D（2分）
绕转动作类	单脚内侧完整360°	1. 脚外侧完整360° 2. 脚内侧交替完整360° 3. 脚内侧完整720° 4. 后方完整360° 5. 大腿360° 6. 踝关节720° 7. 膝关节以下、踝关节以上（跳跃）	1. 单脚外侧完整720° 2. 双脚外侧交替完整720° 3. 单脚内侧完整1080° 4. 后方完整720° 5. 大腿720° 6. 高抬腿绕转（肩部以上）	1. 单脚外侧完整1080° 2. 双脚内侧交替完整1080°
接停动作类	拉燕	1. 朝天蹬 2. 过山底	无支撑朝天蹬	1. 无（辅助）支撑转体180°朝天蹬 2. 倒打上前底

②艺术表现（表3-3）

表3-3　艺术表现的评分标准

艺术表现（1分）	好（0.8~1分）	中（0.5~0.7分）	差（0~0.4分）
音乐	音乐节奏鲜明，旋律与动作融合	音乐节奏较鲜明，旋律与动作较融合	音乐节奏不鲜明，旋律与动作不融合
服装	整齐、亮丽、有特色	整齐	不整齐
精神风貌	精神饱满	精神较饱满	精神不饱满
感染力	动作传神，感染力强	动作较传神，感染力较强	动作不传神，感染力不强

③比赛编排（表3-4）

表3-4　比赛内容编排的评分标准

编排（1分）	好（0.8~1分）	中（0.5~0.7分）	差（0~0.4分）
内容	内容独特，形式新颖	内容较独特，形式较新颖	内容不独特，形式不新颖
连接	有较独特或新颖连接	连接合理顺畅	连接性差
布局	场地运用合理，动作分布均匀	场地运用较合理，动作分布较均匀	场地运用不合理，动作分布不均匀
特色	全套编排有特点	全套编排合理	全套编排差

　　④参赛选手须在赛前1小时将自选套路比赛难度动作登记表交给裁判组。

　　⑤如参赛选手采用的难度动作不在列表内，请提前10天将动作上报组委会，组委会将组织专家确定动作难度分值。

　　⑥花样赛场地为边长6米的正方形，比赛器材由选手自带。

（三）创意赛

在毽球花式表演比赛中，赛事设计旨在激发运动员的创新精神与表演才能，其规则概述如下：

1. 比赛内容

此赛事对参赛者的数量、展示的动作及编排的套路均不设限，鼓励多样性和个性化表达，让每位参与者都能尽情展现自己的独特风格和技巧。

2. 比赛时间

为了保持比赛的紧凑性和观赏性，每个表演项目的时长被严格控制在 3 分钟以内，这要求参赛者必须精炼编排，确保每一秒都充满看点。

3. 评分办法

裁判组将依据三项关键标准进行打分，分别是动作的创意性、编排的巧妙程度及动作的完成质量。基于这些评判维度，比赛将评选出一、二、三等奖，以表彰最出色的表演者。

4. 比赛器材

鉴于毽球花式表演对个人技术和装备的依赖，比赛所用的毽球器材需由参赛者自行携带，确保每个人都能使用自己最为熟悉和舒适的装备进行展示。

5. 比赛场地

所有表演将在一个边长为 6 米的正方形区域内进行，这一设定为参赛者提供了足够的空间来施展他们的技艺。场地的界线应当清晰可见，且颜色须与场地背景及球网有明显的区别，以便于裁判和观众识别。

通过这些规则的设定，毽球花式表演比赛不仅成为一项技术比拼，更是一场视觉盛宴，它融合了艺术与体育，让每一个热爱毽球的人都有机会在舞台上发光发热。

三、花毽运动员竞技能力特征及训练策略

（一）花毽运动项目特征

花毽，作为一项深深植根于历史长河中的传统运动，不仅承载着丰富的文化意义，更是在现代体育竞技中绽放出新的光彩。这项运动巧妙地结合了古典韵味与现代技巧，通过运动员对毽子精准而富有创意的操控，展现出令人叹为观止的技艺与美感。

在花毽的世界里，参与者利用身体的各个部位，尤其是脚部，施展一系列复杂且精细的动作，以保持毽子持续飞行而不落地。这不仅是对脚部灵活性和技术水平的极致考验，也是对身体协调性与反应速度的高度挑战。花毽追求的"脚随心动，毽随脚动，毽人合一"的境界，意味着运动员需要达到身心合一的状态，将每一次触毽都转化为艺术般的表演。

这种独特的运动方式，不仅强调技术的精湛与协调性的完美，还注重表现形式的优美与多样性。花毽的表演充满了难以言喻的魅力，它既是对传统技艺的传承，也是对现代审美趋势的回应。因此，花毽被视为一种技能主导的难美性项目，它的精髓在于展示人体动作的优雅与身体潜能的极限。

总之，花毽运动以其深厚的底蕴、高超的技巧、卓越的协调能力和丰富多样的表现形式，成为体育领域中一道亮丽的风景线，它不仅仅是运动，更是一种文化和艺术的体现。

（二）花毽运动员竞技能力的构成与训练方法

1. 体能特征及其训练方法

（1）身体形态特征

花毽运动，作为一项融合了技能、美学与表现力的体育项目，与艺术体操和花样游泳等运动相似，要求运动员在三维空间中展现出既充满活力又极具挑战性的动态与静态肌肉活动。这种运动不仅展示了人体的优雅形态，同时也诠释了运动本身的韵律之美。运动员在空中与地面之间的转换，每一次踢毽、接毽的动作，都是对人体协调性、柔韧性和力量的综合考验，体现了人与毽之间微妙而又精准的互动。

在选拔花毽运动员时，身体形态成为一个不可忽视的关键因素。不同于其他运动项目，花毽的技术风格和表现能力往往受到运动员体型的影响。理想的身材比例能够帮助运动员更好地掌握花毽所需的复杂技巧，从而在比赛中取得更加优异的成绩。这是因为，良好的身体形态可以增加动作的流畅度，提高技术执行的精确性，并增强视觉上的美感效果。

因此，在花毽运动中，运动员的身体条件被视为成功的重要基石。合适的身高、体重、肢体长度及肌肉的分布，可以让运动员在执行花毽动作时更为得心应手，使得每一个跳跃、旋转和踢毽都能达到最佳状态，进而创造出令人赏心悦目的视觉盛宴。这种对身体形态的严格要求，反映了花毽运动对美学追求的高度，也彰显了其作为一项技能主导类表现难美性项目的独特魅力。根据花毽运动项目特点，运动员体型包括以下特征（表3-5）。

表3-5　花毽运动员体型特征与作用

身体指标	特征	作用
体重	身体匀称，体脂较少	协调灵活，具有一定的能动性
髋宽	窄而扁平	有利下肢做大幅度、大角度技术动作
下肢	下肢较长	利于接停类动作展示
下肢腿围	小腿三头肌发达有力	爆发力强，腾空高
踝围	踝围细	脚踝灵活，有利于变化动作
足弓	足弓高	小腿爆发力好，跳跃类动作轻盈

（2）身体机能特征

花毽运动，作为一种非周期性的体育项目，其独特的运动特性融合了动力性和静力性动作，展现了运动员卓越的身体控制能力和瞬间爆发力。在一场比赛中，规定套路的完成时间通常介于30~40秒之间，而自选套路则延长至50~70秒，其间运动员需要连续完成包括接停、跳跃、腾空、绕转及旋转在内的高难度动作组合，这些动作紧密相连，要求运动员具备出色的运动技巧和体能素质。从能量消耗的角度来看，花毽运动属于短时间、高强度的运动类型，主要依赖于磷酸原系统和糖酵解系统来提供快速的能量供应。

花毽运动对运动员的时间感知、空间定位和本体感受能力提出了极高的要求。在毽子下落的过程中，运动员必须迅速判断其轨迹和落地点，同时调整自己的位置和踢毽力度，确保脚部与毽子保持理想的距离，以便准确无误地进行击打。这一系列动作要求运动员的大脑和肌肉反应高度同步，运动中枢处于高度活跃的状态，能够在瞬间实现大脑皮层兴奋与抑制过程的灵活转换，以及肌肉放松与收缩的快速交替，确保每一个技术动作的精确执行和连贯展现。

（3）身体素质特征

运动能力的卓越表现深深植根于优异的身体素质之中，而运动成绩往往直接反映着个体体能的高低。在众多体能特征中，身体素质构成了最为关键的维度，涵盖力量、速度、耐力、柔韧性、协调性和灵敏度等多个方面。对于花毽运动员而言，其核心素质尤为突出，具体体现在以下几个层面：

首先，力量素质是花毽运动员竞技表现的基石。优秀的腰腹力量和下肢爆发力是完成腾空踢毽和绕转动作的关键，确保了运动员能够达到足够的高度并在空中施展复杂的技巧。腰部和腹部的稳定力量保证了身体在腾空状态下的平衡，而下肢的瞬时爆发力则决定了动作的迅猛与精准。绕转动作要求运动员在毽子下落的刹那间迅速发力，实现多周旋转后平稳落地，这对躯干的平衡控制和腿部肌肉的精细调节提出了严苛要求。

其次，柔韧素质对于花毽运动技术动作的完美呈现至关重要。髋关节、膝关节及踝关节的灵活性直接影响技巧的稳定性和完成度。例如，盘踢这一基本动作就要求髋关节外旋与踝关节内收的同时，大腿要向外侧最大限度地展开。在高速运动中，优秀的柔韧性有助于提升动作的流畅性和精准度，确保运动员在各种条件下都能保持最佳状态。

最后，协调与平衡素质是花毽技术的根基。花毽动作设计中包含了高度、动态与静态、快慢的对比，以及毽子绕体飞行的复杂轨迹。运动员需在一腿支撑另一腿踢击的情况下维持平衡，同时手脚并用，运用脚的不同部位（如正脚背、脚内侧乃至脚掌）精确击打毽子。尤其在单脚连续踢双毽或进行转体动作时，运动员必须具备出色的协调性，以适应毽子变幻莫测的运动路径。

鉴于此，花毽运动的训练策略应着重于本体感觉与视觉功能的强化，结合反应速度训练，旨在帮助运动员在复杂多变的环境中迅速聚焦并即时响应。通过实施本体感觉神经肌肉促进技术、弹力拉伸与静力拉伸等手段，可增强关节、肌肉、肌腱及韧带的延展性。特别地，下肢爆发力的培养应当成为训练的重点，采用复合训练法能有效提升运动员的跳跃能力和绕转爆发力，从而全面增强其竞技实力。

2. 技术特征及其训练方法

在花毽运动中，运动员的技术技能是决定竞技能力的关键因素，尤其是在高难度技术动作的执行方面。基础踢法包括盘、磕、绷、拐、踹、碰、打（表3-6）。而高难度踢法则是基于基础踢法的组合，结合下肢的活动轨迹和毽子的运动状态，分为"接停类""绕转类""跳跃类"（表3-7），评判标准根据套路中基础动作的完成质量、自选套路里难度动作组合来评定实际技术水平。

表3-6 花毽基础动作特点

动作类别	动作类型	技术动作特点
基础动作	盘	用足内侧垂直踢起，是入门的基础
	磕	用大腿面垂直踢起，对盘踢起辅助作用
	绷	用正脚背面垂直踢起，可救起即将落地的毽子
	拐	用足外侧垂直踢起，能起到周转四方的作用
	跳	身体腾空，右上左下交叉腿用脚内侧垂直踢起
	踹	向前上方高抬腿，用足底（前脚掌）垂直踢起
	碰	外翻膝关节，小腿向上摆起，用足底（前脚掌）垂直踢起
	打	向体后上方摆动小腿，用足底（前脚掌）垂直踢起

表3-7 花毽三大类动作特点

动作类别	动作分类	技术动作特点	动作举例
高难度动作	接停类	使动态的毽子，静止在身体的任意一处	"过山顶"
	绕转类	身体任何部位绕过毽子1周及以上，再由身体的任意一处接起	"小旋风"
	跳跃类	身体处于腾空，用脚的任意部位将毽踢起	"跳踢"

花毽运动以其独有的多器械协同操作特性，在表现难美性项目中独树一帜。不同于其他单一器械的运动，花毽不仅要求运动员掌握毽子的踢击技巧，同时还融合了绳子、手绢、彩带等多种道具的操控，这种多元化的器械组合极大地提升了运动的观赏性和技巧性。运动员在展示高超的毽子踢技之余，还需巧妙地配合上肢动作，以绳索舞动、手绢翻飞或彩带飘扬等形式，呈现出一场视觉盛宴。这一特色对运动员的平衡感与协调性提出了极高要求，同时也考验着他们对不同器械同步操控的熟练度与创造力。

从技术层面分析，花毽运动员的技术特点可概括为稳定性、难度性、多样性和灵巧性。他们不仅要拥有坚实的基础技能，还需掌握一系列高难度的动作组合，并能够在表演或比赛中自如地运用一种乃至多种器械。这不仅要求运动员具备高超的技术，还要有能力在快速变换的运动模式中保持动作的连贯性和艺术表现力。

针对花毽运动员的技术训练，基础动作与高难度动作的训练策略需精心设计。基础动作作为技术体系的基石，应贯穿于整个训练周期，通过渐进式的难度增加，如在行进中踢毽、设置障碍物等挑战，来逐步提升运动员的专项能力。而高难度动作的训练，则需采取更为细致的方法，包括完整示范、逐步分解、反复练习和逐渐递增难度等步骤，以确保运动员能够安全且精准地掌握每一个细节，最终实现技术上的突破与创新。

总之，花毽运动的训练是一个系统工程，既要注重基础技能的持续磨炼，也要致力于高难度动作的精雕细琢，更要在多样化器械的使用上不断创新，以此塑造运动员全面而卓越的技术风格。

3. 战术特征及其训练方法

技术的精炼是竞技体育的基石，而战术的灵活运用则是通往胜利的桥梁，它能最大化激发运动员的技术潜力。在全国花毽领域，随着运动员技艺的日臻完善，战术的作用日益凸显，其战略地位不容小觑。在这一项群中，"难度"是决定胜负的关键砝码之一，它不仅衡量了运动员的综合能力，更是区分高手与普通选手的分水岭。

当运动员展现出卓越的协调性和敏捷性时，他们能够赋予毽子更为复杂多变的飞行路径，进而提升整体动作的难度级别，这无疑会为评分带来显著加分。为了在比赛中脱颖而出，运动员需要精心策划一系列高难度动作的序列，巧妙编织成独具个性的技术组合，同时辅以贴切的音乐选择，以此增强表演的艺术感染力。这一系列精心设计的自选套路，不仅是对运动员战术智慧的直接检验，也是其创意与技术实力的集中展现。

专家指出，花毽运动中的战术特征主要聚焦于技术动作的甄选与创新，核心在于如何巧妙编排这些动作，使之流畅衔接，而音乐的选择与配合则是情感表达与艺术呈现的重要支撑。基于此，花毽项目的战术训练应当侧重于以下几个关键点：首先，培养运动员的音乐审美，使其能够深刻理解并诠释音乐的内涵；其次，丰富难度动作的储备，强化动作之间的连贯性与和谐性；最后，提升艺术表现力，确保每一套动作都能传达出运动员独特的风格与魅力。通过密集的模拟演练和实战经验积累，运动员可以锤炼出敏锐的战术意识和灵活的应用能力，这将使他们在重大赛事中更加游刃有余，从容不迫地面对各种竞争压力，从而在激烈的比拼中占据有利位置。

4. 心理特征及其训练方法

在聚光灯下，运动员不仅要直面来自裁判的严格审视、对手的激烈挑战，还要应对现场观众期待的目光，这一切构成了赛场上的多重压力。在这种环境下，维持一颗镇定自若的心，显得尤为重要。尤其是在限定的时间框架内，运动员必须像精密的仪器一般，保持注意力的锋利焦点，娴熟地施展技巧，凭借出色的身体协调能力，精确捕捉到空中毽子的每一个动态轨迹。任何一瞬间的疏忽都可能导致微妙却致命的差错，进而影响整场比赛的走势。

学者们强调，对于花毽运动员而言，好的心理素质是其竞技表现不可或缺的一环，它涵盖了全神贯注的专注力、如磐石般稳固的心理素质，以及在重压之下依然能发挥正常水平的抗压韧性。构建这样的心理堡垒，离不开系统且科学的训练策略。心理训练不同于体能和技术训练，它具有阶段性和针对性的特点，这就要求教练团队能够根据运动员的不同成长阶段和具体比赛情境，灵活调整训练计划，有的放矢地解决心理层面的问题，以期达到最优的训练成效。

在实际操作中，这意味着心理辅导应当贯穿于日常训练和赛前准备的每一个环节，从基础的心理调适到高级的心理战术，都需要循序渐进地实施。例如，在初级阶段，可以通过简单的放松练习和正念冥想，帮助运动员学会控制情绪，建立自信；进入中级阶段，则要引入注意力训练和压力管理技巧，让运动员在模拟比赛中逐步适应高压环境；而在高级阶段，重点转向心理复原力的培养，教会运动员如何快速从失败中恢复，保持积极的心态面对未来的挑战。通过这样层层递进的训练体系，运动员不仅能在技术上达到炉火纯青的地步，更能锻造出一颗坚韧不拔的冠军之心，确保在任何情况下都能保持冷静，做出最正确的决策。

第四章 隔网对抗类球类项目

第一节 排 球

一、基本技术

(一) 排球运动简介和特点

1. 排球比赛简介

排球比赛在一个标准尺寸的矩形场地上进行，该场地长 18 米、宽 9 米，中央被一张球网平均分割，男子比赛的球网高度设定在 2.43 米，而女子比赛则为 2.24 米。两支队伍各自占据场地的一边，每队由 6 名场上队员组成，他们按前后排的阵形分布，形成一个动态的防守与进攻体系。

比赛开始，一方的后排右侧队员，即位于①号位的球员，在发球区内，运用单手将球发向对方半场，正式拉开比赛序幕。随后，双方依据排球的竞赛规则，交替使用垫球、传球、扣球和拦网等技能，力求将球准确地击入对手的场地，同时竭力阻止球落在己方的区域内。每当发球权转移，①号位的队员会顺时针轮换至⑥号位，这一轮换过程依次进行，确保每位队员都有机会在不同的位置上发挥作用（图 4－1）。

尽管每个队员通常负责特定的区域，以避免队友之间的位置冲突，但这并不意味着区域划分是固定不变的。实际上，球员们会根据球的落点灵活调整位置，以确保最合适的队员能够接球。然而，这种灵活性并不会破坏队伍的战术布局，反而有助于提升团队协作效率。

排球比赛中的传球机制分为"一传"和"二传"，其中"一传"是指在接收到对手的发球后，进行的首次传球动作。通常，一传后的球会被导向二传手，由后者执行"二传"，即将球精准地传送给主攻手或其他攻击队员，以便发起有力的扣杀或巧妙的吊球。值得注意的是，球在一方场内最多只能经过三次触碰，就必须越过球网到达对方场地，否则将被判为犯规，对手得分。作为队伍的核心人物，二传手肩负着组织进攻的关键职责，其传球的精准度直接影响着队伍的进攻效率。

拦网技术在排球中扮演着至关重要的角色，是防守反击中不可或缺的一环，特别是在对手准备扣球时。当对手跃起准备强攻，拦网队员迅速起跳，双臂伸展并张开五指，试图在球的飞行路径上形成一道屏障。理想情况下，拦网能够直接改变球的方向，使其反弹回对手场地，或是至少减缓球的速度，为队友创造更好的防守机会。这一技术要求拦网者具备出色的时机把握能力和空中反应速度。

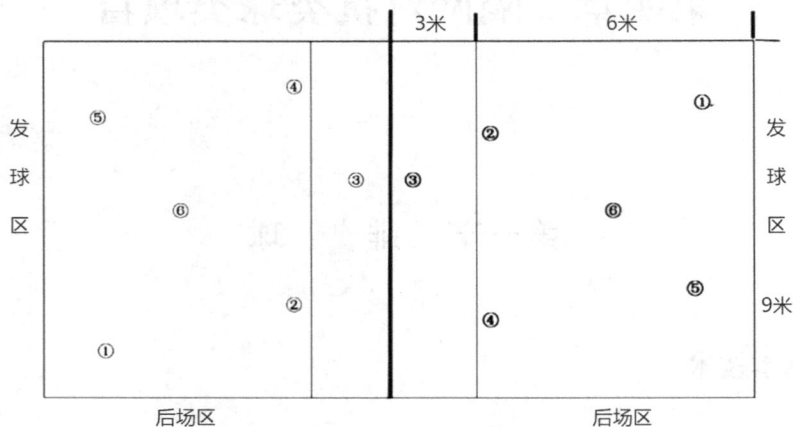

图 4-1　排球场地

2. 排球运动的特点

排球运动，如同众多球类项目，不仅是一种竞技活动，也是一种全面发展的体育锻炼方式。它能有效提升参与者的身体素质，包括力量、速度、敏捷性和弹跳力，同时增强心肺功能和耐力，促进整体健康。此外，排球还能塑造个人品格，培养诸如勇气、坚韧、智慧、适应力、吃苦精神、纪律意识及团队协作等宝贵品质。

排球运动的独特魅力在于其广泛的群众基础。这项运动对于场地和装备的要求相对较低，规则也易于理解，使得无论是在专业体育馆还是在普通的户外空地上，人们都能轻松上手。它包容性强，适合各个年龄段、性别、体能状况和健康水平的人群参与，参与者可以根据自身条件调节运动强度，享受排球带来的乐趣。

与其他运动相比，排球展现出强烈的对抗性。比赛过程中，攻守转换迅速，节奏紧凑，往往需要持续的高强度竞争，有时一场对决甚至会延续至两个多小时，考验着运动员的身体极限和心理韧性。

排球对技巧性的要求极高，这体现在球的处理上。不同于其他运动，排球规定球员不得持球，且每方击球次数限制在三次以内，不允许连续两次击球，这些规则促使运动员必须具备精湛的技巧来控制球的走向和速度，体现了排球运动独特的技巧挑战。

技术的全面性是排球运动的另一个显著特征。由于比赛中的位置轮换制度，每位队员不仅要胜任前排的进攻和拦网，还需承担后场的防守和接应任务，这就要求运动员必须熟练掌握各项攻防技能，以适应比赛中的各种需求。

最后，排球强调的是集体合作的重要性。除了发球和偶尔的直接过网击球，几乎所有的比赛行动都需要队员间的紧密配合。从接发球、二传到扣球，再到防守、拦网、二次进攻，每个环节都紧密相连，任何一个配合失误都可能影响整个比赛的走势。因此，一支高水平的排球队总是展现出高度的默契和协作能力，团队精神在这里得到了极致的体现。

（二）排球运动的基本技术

排球技术涵盖了在规则框架内，运动员实施的各种合规击球与协同动作，旨在有效地进行比赛。它囊括了准备姿势与移动、发球、传球、垫球、扣球和拦网等关键技能，其中准备姿势、移动、起跳和倒地动作被视为无球技术，它们为有球技术的施展奠定了基础。

准备姿势与移动是排球技术的基石，确保运动员能够迅速响应比赛动态，无论是半蹲、低蹲还是稍蹲准备姿势，都能让运动员随时准备移动或进行击球。移动技术，如并步、滑步和交叉步，使运动员能够高效地调整位置，以应对球场上的变化。

发球是比赛的起点，分为正面上手发球和侧面下手发球等类型。正面上手发球以力量大、速度快著称，而侧面下手发球则更为稳定，适合初学者。发球练习应从分解动作开始，逐步过渡到完整技术，最终在比赛中实际应用，以提高发球的准确性和效果。

传球是组织进攻的核心，正面双手传球和背传是最常见的传球方式。传球练习应先从简单的动作开始，逐步增加难度，最终能够在移动中进行高质量的传球，为队伍创造进攻机会。

垫球是防守和组织反击的关键，正面双手垫球和跨步垫球是基础技能，能够帮助运动员在各种情况下稳定地控制球。垫球练习通常从模仿动作起步，逐步过渡到实际接触球的练习，以培养正确的手型和击球点。

扣球是进攻的主要手段，正面扣球要求运动员具备出色的助跑、起跳和空中击球技巧，以强力将球扣向对方场地。扣球练习强调助跑与起跳的协调，以及空中击球时的正确手型和力量使用。

拦网是防守中的重要环节，单人拦网和集体拦网要求运动员具备良好的判断力和时机把握能力，以便在对方扣球时进行有效封堵。拦网练习注重起跳时机和空中手型，以及落地时的安全缓冲。

掌握这些排球技术需要遵循"全面、熟练、准确、实用"的原则，通过不断的练习和实战经验积累，运动员才能在比赛中灵活运用这些技能，达到最佳竞技状态。

二、基本战术

排球的基本战术主要包括阵容配置、进攻战术和防守战术等。

（一）阵容配置

在排球比赛中，阵容配备是指根据比赛策略和队员特点进行的人员配置。主要的阵容配备方式有两种："四二"阵容配备和"五一"阵容配备，这两种方式各有其特点和优势。

"四二"阵容配备是一种传统的阵容配置模式。在这种配备下，6名上场队员中包含4个进攻队员和2个二传队员。4个进攻队员又细分为2个主攻队员和2个副攻队员，他们分别站在对角位置上，这样的布局使得每个轮次都有至少1个二传队员和2个进攻队员，从而保证了进攻的连续性和多样性。

"五一"阵容配备则是现代排球中较为流行的一种配置模式。在这种阵容中，5名队员专注于进攻，而只有1名二传队员负责组织进攻。通常，二传队员也会站在对角位置上，但这种配置中会特别设置1名有进攻能力的接应二传（也称为接应或翼攻手），这个位置的队员不仅能够接应二传的传球进行扣球，还能在二传队员进行二次进攻时起到支援作用，增加了进攻的灵活性和不可预测性。

这两种阵容配备方式各有优劣，选择哪一种取决于队伍的战术风格、队员的技术特点及对手的情况。例如，"四二"配备可能更适合那些二传技术非常娴熟，且进攻队员之间需要更多配合的队伍；而"五一"配备则可能更适合追求快速多变进攻的队伍，因为它可以提供更多的进攻点和更快的进攻节奏。教练员会根据比赛的具体情况和队伍的长期训练目标来决定采用哪种阵容配备。

（二）进攻战术

1. "中一二"进攻战术

"中一二"进攻战术的阵形：二传手站在3号位，5号垫球至3号，3号传球给2号或4号扣球进攻（图4-2）。

2. "边一二"进攻战术

"边一二"进攻战术的阵形：二传站在2号位，6号垫球至2号，2号传球给3号或4号扣球进攻（图4-3）。

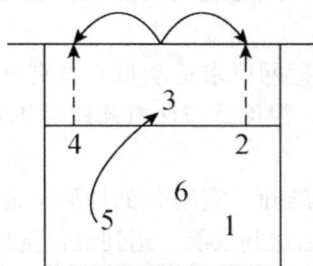

图4-2 "中一二"进攻战术　　　图4-3 "边一二"进攻战术

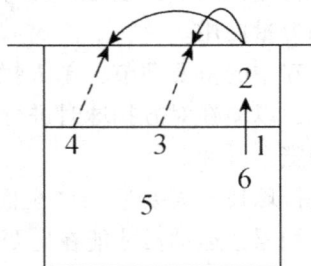

（三）防守战术

防守战术是组织进攻和反攻战术的基础，主要包括接发球防守和接扣球防守等。

1. 接发球防守

在排球比赛中，接发球防守战术是至关重要的环节，它直接影响到队伍能否有效组织反击。接发球防守战术主要包括两种形式："5人接发球防守战术"和"4人接发球防守战术"，它们各自具有不同的特点和适用场景。

5人接发球防守战术是最基础也是最普遍采用的接发球方法。在这种战术中，除了前排的二传手或准备从后排插上的二传手不直接参与接发球外，其他5名队员均投入接发球的防守。这种阵形的优势在于有更广泛的覆盖面积，提高了接发球的成功率。球员们的位置布置需要考虑到队伍的进攻战术，确保接发球后能够迅速转入进攻状态。

4人接发球防守战术则是在特定情况下使用的策略。与5人接发球不同，这种战术中只有4名队员参与接发球，前排的二传手和准备插上的二传手都不直接参与接发球。这种配置的优点是减少了插上和执行快攻队员的跑动距离，有利于加快进攻的速度，尤其是在需要快速反击的情况下更为有利。通过减少接发球的人数，队伍可以更快地完成从防守到进攻的转换，利用速度和突然性打乱对方的防守部署。

两种接发球防守战术的选择通常基于队伍的特点、对手的发球策略及教练员的战术安排。在实际比赛中，教练员可能会根据场上形势灵活调整接发球战术，以达到最佳的防守效果并创造有效的进攻机会。

2. 接扣球防守

（1）"边跟进"防守

"边跟进"防守在对方进攻较强，吊球较少时使用，2号和3号网前拦网，4号后退至攻防线后参与后场防守，1号或5号跟进保护和防守对方吊球。它适用于对方进攻力量强、扣球多、吊球少时防守。"边跟进"防守站位如图4-4。

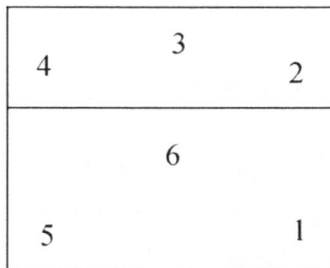

图4-4 "边跟进"防守站位

（2）"心跟进"防守

"心跟进"防守在本方拦网能力强，对方采取打吊结合时采用，2号和3号网前拦网，4号后退至攻防线后参与后场防守，6号队员专职跟进、保护拦网和防吊球。

三、比赛规则

（一）比赛场地

排球场包括比赛区域和无障碍区域两部分：比赛区域为18米×9米的长方形（图4-5）；比赛场地边线外的无障碍区至少宽5米，端线外的无障碍区域至少宽8

米，比赛区域上空的无障碍空间至少高 12.5 米（从地面量起）。

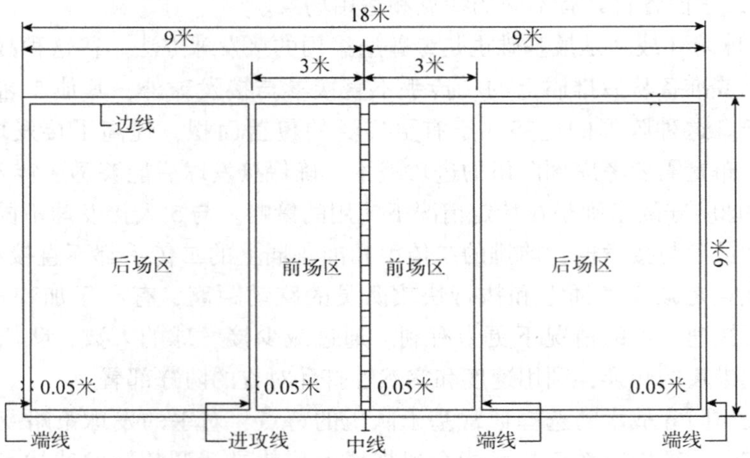

图 4 - 5 排球场尺寸

（二）犯规

1. 发球

在排球比赛中，发球不仅是比赛开始的方式，同时也是重要的得分手段。然而，发球过程中容易出现多种犯规行为，这些犯规会中断比赛，并可能给予对方得分的机会。以下是发球时可能出现的一些主要犯规情况：

发球时的击球犯规包括但不限于以下几种情形：

发球次序错误：如果队伍没有遵循记分表上记录的轮转顺序进行发球，这将被视为发球次序错误，是一种犯规行为。

发球区外发球：发球队员在发球时，如果身体的任何部分触及发球区域之外的地面，或者在跳发球的过程中踏及场区界线，都将被判为犯规。

发球击球时球未抛起或持球手未撤离：发球队员在击球前必须将球抛起，且在球被击出之前，持球的手必须完全撤离，否则即为犯规。

发球超过五秒：当第一裁判员鸣哨允许发球后，发球队员必须在五秒内将球击出，否则将被判为发球五秒犯规。

发球击球后的犯规包括以下几种情况：

发出的球触及发球队队员或未通过球网垂直面：如果发出的球在越过球网之前接触到了发球队的任何队员，或者球没有通过球网上方的垂直面，都将被判为犯规。

界外球：球落在场地界线以外的区域，或触及场外的任何物体、天花板、非比赛人员，或球网的标志杆、网绳、网柱等非有效过网区域，同样视为犯规。

球的整体或部分从过网区以外过网，除非有特殊规定允许，否则也将被判为犯规。

球的整体从网下空间穿过：球从球网下方的空间穿过，而非从网顶上方越过，这也是一种犯规。

发球掩护：发球队员通过挥臂、跳跃或晃动等动作干扰对方接发球视线，且发出的球从对方头顶上方飞过，这种行为被视为发球掩护犯规。

这些规则的存在旨在确保比赛的公平性和安全性，同时保持比赛的流畅进行。

2. 击球时的犯规

在排球比赛中，除了发球阶段的特定犯规，还有一些通用的击球规则，违反这些规则也会导致犯规，中断比赛并可能给予对方得分机会。以下是一些常见的击球犯规情况：

四次击球：一个队在没有拦网的情况下连续击球超过三次，即第四次触球，将被判为四次击球犯规。通常，每个队都有三次机会将球回击过网，但若超过这个次数，则会被判罚。

持球：当一名队员未能迅速将球击出，而是让球在其手中停留，例如通过捞、捧、推搡或携带球的方式，这被视为持球犯规。排球运动要求球员必须用弹性的动作击打球，不允许控制或停留球。

连击：如果一名队员连续两次击球，或者球连续触碰到该队员身体的不同部位（除拦网外），则会被判为连击犯规。即使球在极短的时间内两次触碰同一队员，也被认为是犯规。

借助击球：借助同伴或其他物体的支持来完成击球动作，例如靠在队友身上或使用场地设施作为支撑点，这将被视为借助击球犯规。所有击球动作都必须独立完成，不得依赖外部支持。

这些规则确保了比赛的公正性与连贯性，同时也对运动员的技术和团队协作提出了高要求。违反上述规则中的任何一条都会导致本队失去得分机会，并将发球权转移给对方。

3. 队员在球网附近的犯规

在排球比赛中，为了保持比赛的公平性和安全性，有一系列规则限制了运动员在比赛过程中的动作范围。以下是与场地界限和比赛设备相关的几项重要犯规：

过网击球：当一方正在进行进攻性击球前或击球时，如果本方队员在对方的空间内触及球或对方队员，即为过网击球犯规。这一规则旨在保护球员免受来自对面的直接接触伤害，并保持比赛的公正性。

过中线：比赛过程中，如果任何队员的整个脚或身体的其他任何部位越过中线并接触到对方的场地，那么将被判为过中线犯规。中线的存在是为了明确界定双方的比赛区域，防止球队成员入侵对手领地。

从网下穿越进入对方空间并妨碍对方比赛：尽管在某些情况下，队员可以合法地穿过网下的自由区，但如果这一行为阻碍了对方队员的比赛，例如干扰对方接发球或防守，那么就会被判为犯规。

触网：在比赛进行中，任何队员在击球时如果触及球网、标志杆或标志带（9.5 米以内区域），将被判为触网犯规。球网是比赛的重要边界，触碰它可能影响到比赛的正常流程，因此被严格禁止。

这些规则共同构成了排球比赛中场地界限和设备接触的基本准则，确保了比赛的顺利进行和参与者的安全。违反上述任何一项规则都将导致犯规，可能使得本队丧失得分机会，甚至将发球权交给对方队伍。

4. 拦网犯规

在排球比赛中，拦网是一项关键的防守技巧，但必须遵守特定的规则以避免犯规。以下是与拦网相关的几种常见犯规情况：

过网拦网：当一名队员在对方进攻击球前或击球时，在对方的空间内拦网触球，这将被视为过网拦网犯规。这一规则确保了进攻方有充分的空间完成其动作而不受干扰。

后排队员拦网：排球比赛中，后排队员通常不被允许参与直接拦网。如果后排队员靠近球网，将手伸向高于球网的位置，试图阻止对方来球并触球，则会被判为后排队员拦网犯规。这是为了平衡前后排队员的角色和能力，确保比赛的公平性。

拦发球：在发球阶段，任何队员试图拦截对方发过来的球都会被判为拦发球犯规。发球是每个回合的开始，应当不受阻碍，以便比赛能够按照规则流畅进行。

从标志杆外伸入对方空间拦网并触球：拦网时，队员的手臂不能从标志杆以外的地方伸入对方场地并触球，否则将被视为犯规。标志杆及其延长线是界定场地边界的物理标志，任何超越这一界线的行为都将受到处罚。

网出界：如果在拦网过程中，球在被触碰后落到本方场地之外，这也同样构成犯规。球的飞行轨迹必须保持在场地内，一旦出界则意味着该次拦网无效。

这些规则确保了比赛的有序进行，同时保障了双方队员的公平竞争环境。违反上述任何一条规则都将导致犯规，可能使本队失去得分机会或给予对方球队发球权。

5. 进攻性击球犯规

在排球比赛中，后排队员的活动范围和行为受到一定限制，以维持比赛的平衡性和策略的多样性。以下是对后排队员进攻性击球及相关犯规的详细解释：

后排队员进攻性击球犯规：当后排队员位于前场区内，若他们击打整体位置高于球网上沿水平面的球，并且球在越过球网垂直面时或在对方拦网队员触及球时具有进攻性质，这将被判为后排队员进攻性击球犯规。此规定旨在确保前排和后排队员在进攻角色上有所区分，前排队员通常承担更多的进攻责任，而后排队员则主要负责防守和一传。

前场区对发球的进攻性击球犯规：在接发球环节中，如果队员在前场区对对方发过来的，并且整体高度高于球网的球完成进攻性击球，比如扣发球或吊发球等，这同样被视为犯规。这一规则的目的是防止接发球一方利用前场区的优势立即发起进攻，从而保持发球方应有的优势，确保比赛的流畅性和战术的多样性。

这些规则共同维护了比赛的结构和动态，确保所有队员在不同区域内的作用得到适当平衡，同时也增加了比赛的观赏性和战术深度。违反上述规定将导致犯规判决，可能影响队伍的得分或丧失发球权。

6. 不良行为

非道德行为。争辩、恫吓等。

粗鲁行为。违背道德原则和文明的举止，有侮辱性表示。

冒犯行为。带有诽谤、侮辱意味的言语或手势。

侵犯行为。人身侵犯或企图人身侵犯。

第二节　羽　毛　球

现代羽毛球运动诞生于英国，由网球派生而来。它简单易学，设备简单，适合男女老幼，运动量可根据个人年龄、体质、运动水平和场地环境而定。羽毛球设有男子单打、女子单打、男子双打、女子双打、男子团体、女子团体和男女混合双打七个比赛项目。汤姆斯杯赛、尤伯杯赛、苏迪曼杯及全英羽毛球锦标赛等是羽毛球比赛中的大赛事。

一、基本技术

（一）握拍方法

握拍方法有正手握拍和反手握拍两种（图 4 – 6）。

图 4 – 6　正/反手握拍

1. 正手握拍法（东方式或半西方式）

将拍子放在手掌下，让虎口对准拍柄窄面的小棱边，这通常是拍柄上的第二个棱边。

拇指的前侧应贴在拍柄的一个宽面上，通常是对着拍面的那一面。

食指则贴在与拇指相对的另一个宽面上，与拇指形成一个稳固的"V"形。

食指和中指之间应该保持轻微的空隙，这有助于增加握拍的灵活性。

中指、无名指和小指应该紧密地并拢，紧紧地握住拍柄，提供足够的支撑力。

2. 反手握拍法（大陆式或西方式）

在正手握拍的基础上，为了转换到反手握拍，手指需要沿着拍柄稍微向外旋转。

这意味着拇指和食指会移动到下一个宽面，通常会让拇指位于拍柄最上方的宽面。

其他手指（中指、无名指和小指）依然紧握拍柄，但它们的位置会随着拇指和食指的转动而相应调整。

反手握拍时，拍面会更倾向于垂直于地面，这样可以更好地应对高球和进行防守性的回击。

（二）发球方法

1. 发高远球

（1）站位：站在距离发球线 1.5 米以内的位置，尽量靠近中线，以便更好地控制发球方向。

（2）准备姿势：采取左脚在前、右脚在后的丁字步站位，两脚与肩同宽，左脚脚尖指向发球方向，身体重心居中（图 4 - 7）。

（3）引拍动作：身体向右侧转，使左肩对准球网，重心转移到右脚，右手向后上方做引拍动作，同时左手持球置于身体前方，准备放球（图 4 - 8）。

图 4 - 7　准备姿势　　　　　　　　图 4 - 8　引拍动作

（4）挥拍击球：在右腿蹬地的同时，身体重心快速转移到左腿，左手适时松开球，当球下降至右手臂可以伸直接触球的瞬间，迅速紧握球拍，利用手腕的力量向前上方挥拍，顺势击球过网，此时身体也应转向球网方向（图 4 - 9）。

（5）随挥动作：完成击球后，右手应顺着挥拍的惯性继续向前上方送至左肩高度，肘部不要抬得过高，保持动作的流畅性和完整性（图 4 - 10）。

图 4 - 9　挥拍击球　　　　　　　图 4 - 10　随挥动作

2. 发平高球

（1）站位与准备姿势

类似于发高远球，站在距离发球线约 1.5 米的位置，左脚在前，右脚在后，形成丁字步，两脚与肩同宽，左脚脚尖指向发球方向，身体重心居中。

（2）引拍动作

身体向右侧转，使左肩对准球网，重心转移到右脚，右手向后上方引拍，左手持球置于前方。

（3）挥拍击球

当球从手中释放并降至适当高度时，右腿蹬地，身体重心迅速转移到左腿。

在挥拍击球的一刹那，前臂需加速带动手腕向前上方抖动，拍面要调整为略微向前上方倾斜的角度，而不是像发高远球那样几乎垂直于地面。

利用手腕的抖动和前臂的加速，给予球向前上方的动力，使球以较低的弧线飞向对方场地的后场。

（4）飞行路线

平高球的飞行路线比高远球更加平直，飞行速度更快，这意味着球会在较高的速度下越过球网，然后以较陡的角度降落至对方场地的后场区域，高远球与平高球的运动轨迹如图 4 - 11 所示。

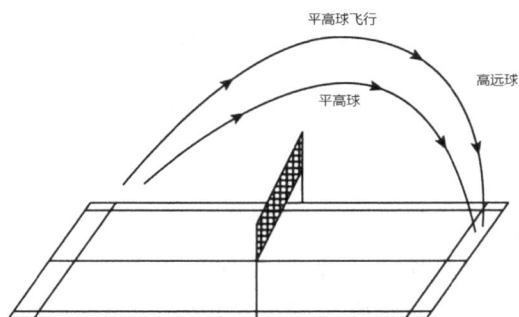

图 4 - 11　高远球与平高球的运动轨迹

3. 发网前球

网前球是指刚好越网而过、落在发球线附近的球。

（1）正手发网前球

动作与发高远球类似，但在挥拍时，前臂的动作幅度要小得多。

前臂带动手腕向前切送球，击球后即刻停止前送动作，以控制球的飞行距离和力度，确保球轻柔地越过网落在预定位置（图 4 - 12）。

图 4 - 12　正手发网前球

（2）反手发网前球

发球站位应更靠近发球线，并贴中线站立，以便于控制球的方向和落点。

准备姿势为面向球网，右脚在前，左脚在后，身体重心主要在右脚，身体略微前倾，右手采用反手握拍，肘部抬高，左手拿球。

挥拍击球时，拍子向后做小幅度引拍，前臂和手腕向斜上方推送，利用拇指发力，拍面在接触球时呈切削状态，手腕柔和地从后向前推送，以控制球的旋转和速度。

完成击球后，挥拍动作自然停止，保持平衡，准备下一拍（图 4 - 13）。

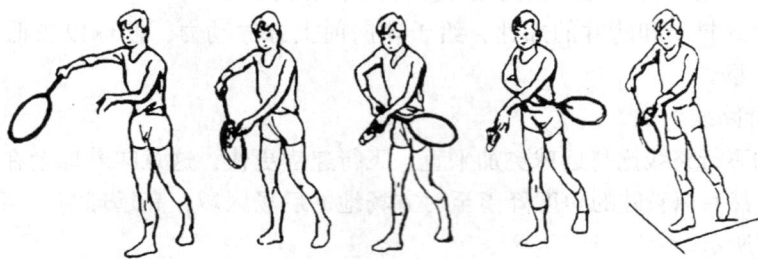

图 4 - 13　反手发网前球

（三）击球方法

1. 击高远球

（1）正手击高远球

准备时，左脚在前，右脚在后，重心在右脚，肩膀对向球网，右手持拍，肘部上提，左手辅助平衡。挥拍时，右腿蹬地发力，转体，前臂急速内旋，手腕发力击打球的后部（图 4 - 14）。

图 4 – 14　正手击高远球

（2）反手击高远球

身体向左后方转体，右脚向侧后方迈步，背对球网，反手握拍。击球时，右腿发力，手臂向上挥拍，拇指向前顶住拍柄，击打球的后下部。

2. 击平高球

动作与击高远球相似，但在击球瞬间，手腕向前用力而非向上，产生较低的球路，球速较快。

3. 吊球

当球下落至击球点高度时，右腿蹲伸，身体由右向左转动，利用腰腹力量，上臂带动前臂，伸肘、内旋和屈腕，向前下方轻击球（图 4 – 15）。

图 4 – 15　吊球

4. 挑球

用于回击对方的吊球或网前球，球拍后引，前臂内旋，用食指和手腕力量将球向前上方挑至对方后场（图 4 – 16）。

图 4 – 16　挑球

5. 扣杀球

快速后退，向上引拍，待球下落时，利用脚尖蹬地的力量起跳，击球时充分运用手腕力量，大小臂带动手腕快速向下扣杀（图4-17）。

图4-17　扣杀球

（四）基本步法

1. 上网步法

上网步法主要用于迅速接近球网，执行如搓球、推球、勾球、扑球及挑球等网前技术动作。包括蹬跨步上网、垫步加跨步上网、交叉步加跨步上网等变体，这些步法要求运动员具有良好的爆发力和敏捷性。

2. 后退步法

后退步法是球员从场地中央位置快速移动至后场底线的步法，常用于回击高远球、吊球、杀球或后场抽球等。这种步法强调速度和稳定性，需要运动员具备出色的腿部力量和良好的身体协调性。

3. 两侧移动步法

两侧移动步法指的是球员从中心位置向场地左右两侧边线快速移动的步法，适用于中场接球、处理对手的扣杀球或进行起跳突击等。这种步法要求运动员有良好的横向移动能力和反应速度，以及快速改变方向的能力。

二、基本战术与比赛规则

（一）基本战术

1. 发球抢攻战术

这种战术的目标是从比赛的初始阶段就确立优势，通过发网前低球或平高球来迫使对手处于防守状态，争取在第三拍时实现主动进攻，以期直接得分或创造有利局面。

2. 攻后场战术

通过连续击打高远球或平高球至对方后场两角，迫使对手不断后退，消耗其体力并使其出现失误，一旦对手回球质量下降，即可寻找机会进行强力进攻。

3. 攻前场战术

如果对手在网前技术上存在弱点，可以采用此战术，通过一系列的网前球迫使对手上前，再突然转变节奏攻击其后场，利用对手前后移动的不便来获得优势。

使用这一战术的前提是，自身必须具备高水平的网前技术和控制能力。

4. 杀、吊上网战术

对于对手发来的后场高球，可以通过杀球和吊球相结合的手段，迫使对手在压力下回球，选择落点在场区边线附近，使对手难以处理，从而为自己创造上网压迫的机会。

5. 打对角线战术

针对那些身体灵活性不足、转身缓慢的对手，无论是进攻还是防守，都应该优先考虑使用对角线击球策略，这种打法能最大限度地调动对手，迫使其在大范围内移动，增加其失误率。

（二）比赛规则

1. 场地规格

羽毛球场地总长度为 13.40 米，单打场地宽度为 5.18 米，双打场地宽度为 6.10 米。场地周围至少 2 米内以及上空 9 米内不应有任何障碍物，以确保比赛的顺利进行（图 4－18）。

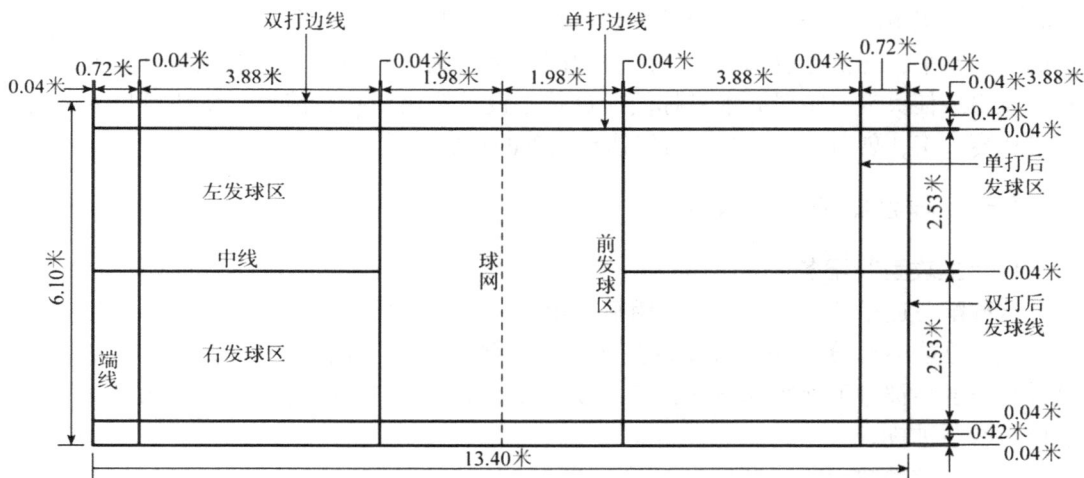

图 4－18　羽毛球场地

2. 发球与接发球规则

比赛开始前，双方通过掷挑边器决定谁先发球或选择场地。

单打比赛中，发球员分数为 0 或双数时，双方在右发球区发球或接发球；分数为单数时，在左发球区。

双打比赛中，发球方分数为 0 或双数时从右发球区发球，单数时从左发球区发球。接发球方的站位与上一回合的发球方对应，且每次得分后，发球方换发球区。

发球顺序在每局中按照特定模式循环，即先发球员从右发球区开始，随后是接发球员的同伴，再是发球员的同伴，再回到接发球员，最后回到发球员。

3. 计分方法

除非有特殊规定，比赛通常采用三局两胜制。

局分采用 21 分制，先得 21 分者胜一局，若出现 20∶20，则需领先 2 分方可获胜，直至有人达到 30 分为止。

获胜一方在下一局开始时拥有发球权，对手的任何违例或球触及对方场区内的地面都会使发球方得分。

第三节　网　　毽

一、阵容配备、交换位置和信号联系

毽球战术是运动员在比赛中依据毽球运动的特点、双方队伍的实际状况及比赛进程的实时变化，所采取的一种策略性行动。它涉及力量的有效分配、技术的恰当运用及团队成员间的协调配合，旨在最大化发挥己方优势，同时限制对手发挥，以求取得比赛胜利。毽球战术是一种融合了智慧与技巧的比赛艺术，它要求运动员不仅要有高超的技术水平，还要有敏锐的观察力、判断力及团队协作精神，能够在瞬息万变的比赛中做出最佳决策，实现战术目标。通过精心设计和灵活执行战术，队伍可以有效地控制比赛节奏，创造得分机会，最终达到制胜的目的。

（一）阵容配备（三人赛）

1. "主攻型"配备

这种配备适用于队伍中有一名明显突出的主攻手，搭配一名二传手和一名防守队员。优点是能够充分发挥主攻手的进攻威力，场上角色分明，配合简单直接。然而，这种配备容易被对手预判和防守，且主攻手体力消耗大，需要合理调配体力，鼓励其他队员参与进攻。

2. "二传助攻型"配备

当二传手具备较强的脚攻能力时，采用一名主攻手、一名二传助攻手和一名防守队员的配备。二传手的突然进攻可以增强战术的多样性，为主攻手创造更好的进攻环境。关键在于二传助攻手与主攻手之间的默契配合。

3. "无二传"配备

缺乏二传手时，可以使用这种配备，通常在 2 号位和 3 号位配置脚攻队员，1 号位为防守起球队员。这种配备进攻节奏快，但战术变化有限，难以形成复杂配合。

4. "头、脚并用型"配备

当队伍中有优秀的头攻和脚攻队员时，可以采用一名脚攻队员、一名头攻队员和一名二传手的配备。头攻队员通常安排在后排，形成前后的立体进攻，丰富了战术变化，提高了进攻的不可预测性。

5. "全攻全守型"配备

当所有上场队员都具备全面的攻防传技术时，采用这种配备。三名队员都能攻能守，形成三点进攻的全攻全守打法，能够完成复杂的基础和整体配合，代表了高水平运动队的发展趋势。要求每位队员技术全面，二传手传球精准，应变能力强，其他队员掌握多种进攻技术，实现脚攻与头攻、前踏与倒勾的结合。

（二）交换位置

1. 二传队员的换位

当二传队员不在其传统位置时，可以通过换位调整至前排，以便更好地组织进攻。在后排时，二传队员也可以插上至前排，而在发球阶段，二传队员可以暂时不参与接球，以便在发球后迅速换位至更利于传球的位置。

2. 封网队员的换位

封网作为防守的关键环节，通常由封网能力突出的队员负责。在比赛中，这些队员应被安排在网前，特别是二传和网前脚攻队员，他们不仅能有效封堵，还能快速进行反击。

3. 防守队员的换位

主要承担防守任务的队员应被换至后排，因为后排队员不仅要负责防守本区域，还需协助防守中前场的球。后排中间的位置尤为重要，可以兼顾左右两侧的防守，是防守体系中的核心。

4. 倒勾队员的换位

倒勾队员应被调整至他们感觉最为舒适和习惯的网前进攻位置，这样可以减少移动距离，迅速发起快节奏的倒勾进攻。同时，这也保持了与二传队员的良好沟通，便于组织进攻。

5. 头攻和前踏队员的换位

头攻队员移至后排，这有利于他们进行充分的助跑，进行有力的前冲起跳攻。前踏队员由于面向球网进攻，移动距离较短，换至后排可以在防守的同时，迅速上前参与进攻，增加进攻的隐蔽性和突然性。

（三）信号联系

1. 语言信号联系

通过清晰、简洁、自信的语言指令，队员间能够即时传达战术意图和位置调整，提高配合效率。然而，语言信号的公开性质可能暴露战术意图，因此需要策略性使用，结合真假信号混淆对手。

2. 动作信号联系

利用头部、手势或眼神等非语言动作作为暗号，预先设定的信号能够快速而隐密地传递信息。动作信号要求准确无误，时机恰当，以防止被对手察觉。

3. 落点信号联系

根据来球和起球的落点位置，自动触发相应的战术配合。这种联系方式需要队员间有高度的默契和战术意识，能够在瞬息之间做出最佳战术选择，提高战术效果。

4. 击球次数联系

根据一次或两次击球的节奏，确定战术的展开方式。击球次数直接影响起球节奏和稳定性，进而影响二传和进攻队员的配合，因此在训练中对击球次数的规范至关重要。

5. 站位联系

二传手根据进攻队员的移动和站位，以及他们的身体姿态，决定最佳的传球方案。当进攻队员到达理想位置，显示出强烈的进攻意愿时，二传手应迅速做出反应，提供支持。

二、单人赛打法

（一）基本站立姿势

1. 平行站立姿势

两脚左右分开，宽度略大于肩宽，脚跟微提，主要以脚掌内侧着地。

膝盖略微弯曲并内扣，上体保持放松但略微前倾，重心适度下降。

两臂自然弯曲置于体侧，随时准备移动，眼睛注视来球方向。

关键点在于脚内侧的稳定支撑、重心的适当下沉及膝盖的内扣。

最具挑战的是保持两脚的待动状态，随时准备响应来球。

2. 前后开立姿势

一脚在前，一脚在后，前脚内扣，用脚掌内侧着地，后脚同样内扣，脚跟提起，仅以前脚掌内侧接触地面。

两膝弯曲，重心稍前移并下降，主要落在前脚上。

双臂自然弯曲，保持在体侧，随时准备动作，眼睛注视来球方向。

重点在于前脚的稳固支撑和重心的前移。

难点在于保持两脚的待动状态，随时准备根据来球调整位置。

3. 练习方法

在教练的统一指挥下进行练习，确保每个动作细节的准确性。

通过教练的正确示范，让学员直观理解正确的站立姿势。

实施个别纠正，针对每个学员的姿势问题进行针对性指导。

强化训练，通过反复练习巩固正确的姿势，直到形成肌肉记忆。

鼓励学员之间互相教学，相互检查，共同进步。

（二）移动接球

1. 移动技术

（1）起动

起动环节包含了对来球的判断和身体的反应，正确的判断加上快速的反应能让运动员迅速进入移动状态。

提升反应速度的同时，加强判断能力对于提高起动效率至关重要，而这往往需要丰富的比赛经验和持续不断的练习。

（2）移动

移动环节涉及步数、步频和步幅，这些因素共同决定了运动员在场上的移动速度。

为了加快移动速度，运动员可以采用专项速度训练，例如短距离冲刺、脚步灵活性练习等，以提高步法的效率。

（3）调整到位配合击球

在击球前的最后一步，运动员需要调整身体位置，确保击球时的平衡和力量。

步法和击球动作的协调一致，是确保击球质量的关键，否则可能导致动作变形，影响击球的速度、力量和准确性。

（4）回动

击球后，运动员需要迅速恢复平衡，并移动回中心位置，准备迎接下一次来球。

回动并不总是回到场地的绝对中心，而是根据比赛情况和战术需要调整回动方向。

2. 单人赛步法

（1）前上步法

从中心位置向网前移动的步法，分为左前上步、前上步和右前上步，以应对不同角度的来球。

（2）两侧移动步法

从中心位置向左右两侧移动的步法，具体步法根据来球的位置和速度调整，以保持最佳的击球位置。

（三）发球

1. 发球方式

正脚背发球：抛球后，伸腿绷紧脚面，利用脚背的弹性和腿部的抖动力量将球击出。

脚内侧发球：抛球后，抬腿并将脚踝内旋，利用脚内侧的推力将球送出。

脚外侧发球：抛球后，抬腿并使脚踝外转，通过脚外侧的力量将球击出。

凌空发球：将球抛至空中较高点，然后抬腿并转体，利用踝关节的抖动力量将球击出。

2. 发球在比赛中的作用

追人发球：目标是对手的腹部或头部等难以处理的部位，迫使对手在接球时失去平衡，增加失误率。

找角发球：专门针对网前和后场的角落，迫使对手在接球时移动更远的距离，从而影响其调整的速度和回球的质量。

破坏性发球：通过发出高弧度、高速度、直击腰部两侧的球，或结合长短、平高、远近、快慢的变化球，破坏对手的接球节奏，制造接球困难。

3. 发球的练习方法

持球练习：手持毽球，模拟各种发球动作，增强对发球技术的肌肉记忆。

定点发球：练习向对方场区的特定角度发球，提高发球的精确性和控制力。

对抗练习：在对方场区设置一名队友，尝试用不同的发球方式向其发球，力求让球的角度和落点难以接应。

专项技能强化：选择一两种发球方式进行深入练习，以提高发球的熟练度和减少失误，从而在比赛中更加自如地运用。

（四）单人赛打法

1. 进攻动作

进攻动作主要包括脚踏进攻和倒勾进攻，这些动作要求运动员具备良好的身体控制能力和瞬间爆发力，以便在关键时刻准确地将毽球踢向预定目标。

2. 进攻战术

进攻战术是将接球、调球、攻球等个人行动综合运用，形成有组织的攻势。主要包括以下四个方面：

强攻打空位：通过接球后的调整和假动作，避开对手的拦网和防守，瞄准对手防守薄弱的区域进行攻击。

推搓后场：利用假动作让对手以为你将进攻网前，然后突然改变方向，推搓向对手后场，打乱其防守布局。

搓吊前场：同样利用假动作，诱导对手防守后场，然后迅速变向，搓吊向对手前场的两个角，利用空间差得分。

防守反攻：在防守中寻找反击机会，通过推、搓、吊等方式调动对手，等待对手失误或进攻质量下降时，迅速反击得分。

3. 防守方式

防守是比赛中的重要环节，它为反击提供了基础。主要的防守方式包括：

拦挡结合：防守队员根据进攻点和进攻线路，迅速选择合适的防守方式，如拦网或胸挡，以阻止对手的强攻。

中后场判断选位：在对手进行减力处理球或中距离进攻时，防守队员需快速判断攻球落点，移动到最佳位置进行区域防守。

三、双人赛打法

（一）基本站立姿势

1. 基本站立姿势

两脚左右开立，略宽于肩，脚跟稍提起，主要以脚掌内侧着地，两膝微弯，上体放松前倾，两臂自然屈于体侧，保持待动状态，目视前方或来球方向。这种姿势要求重心下降，两膝内扣，以保持身体的稳定性和灵活性。

2. 练习方法

统一指挥：在教练的统一口令下，所有队员同时做出准备姿势，以确保动作的整齐划一和准确性。

正确示范：教练或技术熟练的队员展示正确的准备姿势，通过直观演示帮助队员理解和模仿。

个别纠正：针对个别队员的错误动作，教练进行单独指导和纠正，确保每位队员都能掌握正确的姿势。

强化定型：通过反复练习，使准备姿势成为肌肉记忆，即使在高强度比赛中也能自然而然地做出正确的动作。

互教互学：队员之间相互观察和指导，不仅可以加深对正确姿势的理解，还可以增强团队的凝聚力和合作精神。

（二）发球

1. 发球方式与动作要领

正脚背发球：利用脚背接触球，适用于需要直线和力量的发球。

脚内侧发球：提供更好的控制和旋转，适合追求准确性或特定旋转的发球。

脚外侧发球：可以产生侧旋效果，使球的飞行轨迹更为复杂。

凌空发球：直接在空中击球，通常在球下落时使用，增加发球的不可预测性。

2. 发球在比赛中的作用

根据对手的弱点选择发球策略，具有攻击性的发球可以打乱对手的节奏。

在关键分或开局时，使用攻击性发球压制对手，争取主动权。

比分胶着时，优先保证发球的准确性，避免出现无谓失误。

利用发球破坏对方的组织，如直接找二传手或主攻手，干扰其接发球和进攻。

发球至对方场上的"中间地带"或身后，制造混乱。

使用破坏性发球，如追身球和突然变化球，迫使对手犯错。

3. 发球练习方法

单独练习不同类型的发球，专注于动作细节和力量控制。

对墙发球，练习控制球的方向和力度，墙上的编号区域有助于提高目标感。

将球发向对方场地内的特定区域，增强发球的准确性和对场地的感知。

面对一名或多名接发球者，快速变换发球路线和落点，模拟比赛中的真实情况。专注于一两种发球技巧，通过反复练习减少失误，提高成功率。

（三）接一传

1. 传球的区域分工与配合

场地通常被划分为两个主要区域，每个队员负责各自区域内的传球任务。

队员间需协同合作，利用各自的长处弥补短板，确保无论来球如何，都能有效应对。

2. 起动和移动技巧

起动是移动的开端，它触发了后续的所有动作。

移动包括滑步、仰踢、跨跳、后退和跑动步等，目的是迅速调整位置，为击球做准备。

根据来球的具体情况（方向、弧度、速度和落点），及时起动并选择适当的移动方式。

3. 一传的踢法与触球方法

踢法涵盖脚弓踢、脚弓推踢、脚弓端踢、正脚背踢、脚外侧踢、凌空踢、后交叉踢和脚背上提拉踢等，旨在提供不同的球路和控制。

触球方法包括膝腿触球、胸与腹触球和头触球，以适应不同高度和速度的来球。

4. 一传训练注意事项

强化准备姿势、起动和移动的专项练习，提高反应速度和灵活性。

发球与一传是相互关联的，提高一方会促进另一方的进步，因此应同步训练。

一传作为组织进攻的基础，是训练的重点，尤其在防止阵形混乱方面至关重要。

训练应采用高密度、高频率的一发一接或多接练习，注重战术意图和实战应用。

考虑到个人差异，一传技术的学习应因人而异，个性化教学。

力求一次完成一传，为二传创造有利条件，优化整体战术的执行。

（四）二传组织

1. 技术要领

（1）起动和移动

二传手需根据一传出球的方向、弧度、速度和落点进行快速判断和起动，以便在移动中完成传球。

应具备高度的反应能力和移动速度，以迅速调整位置。

（2）取位

在移动过程中，二传手应边判断来球，边选取最佳位置，确保能够进行有效的二次调整或直接传球。

如果一传是一次击球，二传手有两次调整机会；如果是二次击球，二传手需一次性将球传至主攻手的理想位置。

（3）传球脚型和击球动作

脚内侧传球：适用于向上或前上方的传球，要求大腿带动小腿，脚内侧端平，与地面平行，向上或前上方端送球。

正脚背传球：大腿带动小腿，踝关节绷直，适用于抬送传球，这是越南国家队常用且效果显著的技术。

脚外侧传球：用于处理落点在二传手侧后方的球，需用脚外侧将球过顶传至网前上方，适合应急情况。

传球前，踝关节和下肢应放松，以便更好地感受球的重量和方向；传球时，踝关节和腿需用力，利用脚和腿的弹力和蹬腿的协调力传球。

（4）视野

二传手应有开阔的视野，能够利用假动作吸引对方注意，同时观察队友位置，选择最佳传球点。

2. 训练方法

（1）培养专门的二传手

选拔具有坚韧精神、清晰思维和较强传球能力的运动员作为二传手。

（2）加强基本功训练

重点训练二传手的移动步伐、传球脚法和开阔视野，确保传球的稳定性和准确性。

（3）战术意识训练

培养二传手对主攻手特点的了解，提高观察全局、选择攻击点和变换战术的能力。

（4）移动中训练

在移动中练习处理各种困难球，以增强实战适应性。

（5）调整二传训练

加强两个人之间的调整二传配合，提高反攻组织能力。

（6）高难度动作强化

重点强化二传手的高难度传球技巧，特别是攻传技术，以应对比赛中的复杂情况。

（五）进攻动作

1. 进攻动作分类

（1）倒勾动作

近网倒勾：背对球网，利用原地或上步起跳，通过倒勾动作将球攻入对方场区，适用于网前较近位置。

远网倒勾：在限制区外，采用原地或上步倒勾动作，将球击入对方场区。

（2）脚踏进攻动作

面向网站立，通过左脚前迈支撑或跳起，右腿上摆，用脚掌前半部击球过网，动作包括左右变向球、吊球、推球、压球、抹球，适用于二传手，具有高隐蔽性和成功率。

2. 进攻战术

（1）一名主攻手、一名二传手阵容

分工明确，主攻手负责进攻，二传手负责传球，战术简单但稳定，适合初级阶段的队伍。

主攻手接发球后快速移动至进攻区域，二传手一次传球给主攻手；若主攻手接球两次，二传手只能处理球过网。

（2）一名主攻手、一名副攻手阵容

两名队员既是攻球手又是二传手，要求运动员具有全面的进攻技术和高水准的基本功。

接发球后，无论哪个位置都可以立即组织进攻，战术组成率高，进攻变化多，适应性强。

3. 进攻战术的训练

组合训练：进行无球的战术配合跑位练习，熟悉队友的移动路线和位置。

半场隔网抛球：教练在半场隔网抛球，队员组织战术进攻，提高对来球的反应和组织进攻的能力。

分解战术：通过定位、定向、定性的进攻练习，细化战术执行的每一环节。

结合发球训练：在发球环节加入战术进攻，增强实战模拟。

模拟拦网进攻练习：使用挡板模拟单人或双人拦网，提高进攻时的应变能力和突破能力。

防守对抗训练：在有防守的情况下组织战术进攻，提升实战中的进攻效率。

（六）防守战术

1. 防守阵形

（1）弧形防守

两名队员在中场形成"弧形"站位，适合对方攻击力量不强或中后场进攻的情况。特点是分区把守、视野开阔、分工明确，便于反击，对一般质量的进攻效果显著。

（2）一拦一防

一名队员在网前拦网，另一名队员在其后方分区防守，形成"封线分防"阵形。拦网队员需准确判断主攻手意图，配合后方防守队员，利用拦网、胸堵、区域防守等方式，有效防守对手的强攻、轻吊等攻击。

（3）综合阵形防守

结合弧形防守、一拦一防及双人拦网，根据对方进攻点灵活选择防守方式。

对于强攻采用一拦一防，开网进攻时使用弧形防守，强攻防守不利时启用双人拦网，中场强攻时可调整为一人拦网一人后方区域防守。

2. 防守训练方法

灵敏反应训练：掌握多样化的防守技术，提高脚步起动和移动的灵活性，扩大防守范围。

起动与移动训练：加快起动速度，保持脚步灵活性，教练应使用轻重、远近、打吊结合的拍击训练，提高运动员的灵活性和适应性。

判断来球训练：学会准确判断来球，及时移动至最佳防守位置，避免盲目移动或固守一地。

心理素质训练：培养勇敢顽强的作风，通过设置难题和复杂条件，锻炼运动员的抗压能力和吃苦耐劳精神。

防守与反攻结合训练：将防守融入拦网、保护、调整二传和反攻的各个环节，明确防守目的，连贯技术运用，培养运动员的战术意识。

四、三人赛打法

（一）进攻战术组织形式

毽球比赛中的进攻战术多样，其中二传组织进攻是最为基础和常见的形式之一。这种组织形式通常在接起或防起到位后，由二传队员将球传给进攻队员进行攻击，需要经历三人次的击球，并由专门的二传队员负责传球。二传组织进攻的特点是节奏相对较慢，分工清晰，便于组织和指挥，战术灵活多变，能有效发挥主攻队员的优势，因此被广泛应用于不同训练水平的队伍中，成为毽球进攻战术的基本框架。

在以下几种情况下，二传组织进攻尤为适用：

当队伍中只有一名技术娴熟的二传队员，为了确保进攻成功率时。

当队伍中只有一名高水平的攻球队员，为了给主攻手更多准备时间，放慢进攻节奏时。

当比赛策略侧重于稳定，保障进攻配合质量时。

二传队员不仅需要具备二次击球传球的能力，还要能适应各种方向、弧度和落点的来球，并根据战术需要传出适当的球，满足进攻需求。首次击球时，二传队员需控制好球的弧度和节奏，确保进攻队员能够及时到位，同时调整与进攻队员之间的距离和角度，确保传球的准确性和控制力。在面对速度快、难度大的来球时，可能需要两次起球到位，此时对球的弧度和落点控制要求更高。

随着训练水平的提升，二传队员应当成为既能传球又能助攻的全能选手，结合一次传进攻和自传自攻的组织形式，不仅增加了攻击点，分散了对手的封网注意力，还加大了对方封网和后排防守的难度。具体配合方法示例如下：

第一，二传队员（③号）接球后，将球传给网前准备倒勾的主攻队员（②号），另一队员（①号）在起球后移动到限制区内进行保护（图4－19）。

第二，一次接球到位后，一名队员（②号）迅速移动至网前准备倒勾，另一名队员（①号）则向②号位移，准备正面踏球进攻。二传队员（③号）根据战术需要，选择传集中倒勾球或拉开球（图4－20）。

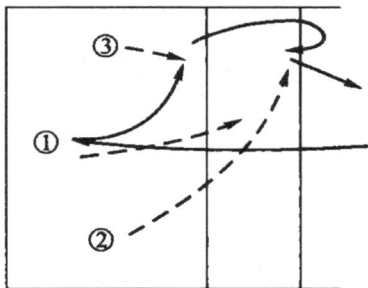

[虚线代表队员移动路线，实线代表球移动路线
（图4－19至图4－39）]

图4－19　号主攻队员倒勾配合

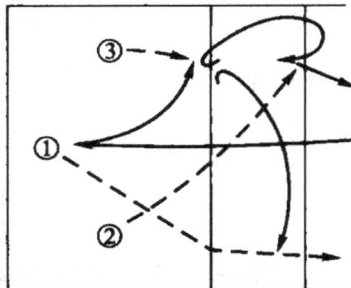

图4－20　倒勾与正面踏进配合

1. 一次传组织进攻形式

这种战术仅需两人次三次击球即可过网，队员省去了二传环节，因而具有突然性和快速性，常被用于突然进攻或快速反击。

运用时机包括对方来球落在中前场、二传队员（③号）突然助攻（图4-21）、对方由攻转守来不及调整站位时，以及对方来球平稳且一次传有把握的情况下。

配合时，进攻队员（①号、②号）需有充分准备，迅速移动到位；一次传队员（③号）通过调整击球的弧度和落点，与进攻队员紧密配合，确保进攻的突然性和准确性（图4-22）。

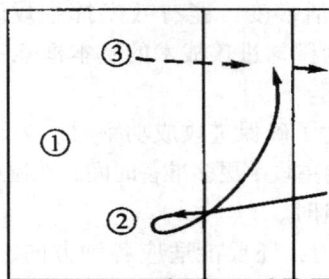

图4-21　二传突然助攻　　　　　图4-22　二传一次进攻

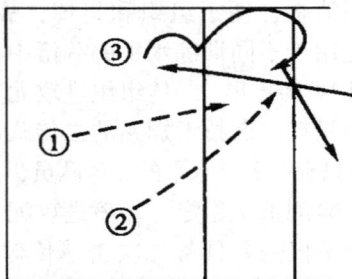

2. 自传自攻组织形式

自传自攻是指进攻队员在接起或防起到位后，利用二次击球机会，自己传球给自己进攻的战术。

这种形式减少了传球环节，加速了进攻节奏，增强了隐蔽性。

适用于二传队员（③号）突然自传自攻（图4-23）、传球不到位时的倒勾自传自攻（图4-24）、防守中前场球时的自传自攻，以及对方起球失误等情况下的自攻自传。

要求队员技术全面，能够连续完成传与攻两个动作，并注意动作的隐蔽性，以达到最佳效果。

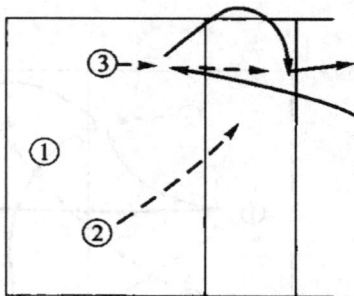

图4-23　二传突然自传自攻　　　　图4-24　倒勾自传自攻

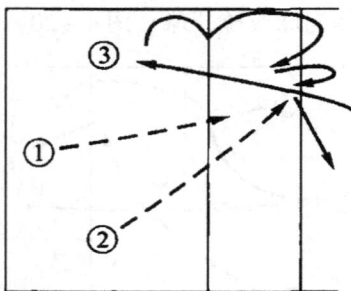

3. 抢攻组织形式

抢攻是在对方传、防或接球用力过大，球直接过网时，网前队员迅速抢攻的战术。要求队员判断准确、移动及时、反击果断，是快速反击训练的重要组成部分。在比赛中，抢攻机会频繁出现，各队应将其纳入训练计划，以提升快速反击能力。

（二）进攻战术的基础配合

1. 脚背倒勾的基础配合

在毽球比赛中，脚背倒勾作为一种高效的进攻手段，包括外摆倒勾、里合倒勾和凌空倒勾等多种类型。这些进攻方式虽有共通之处，但各自有其特定的配合方法和要求，需要专门的战术训练。以下是几种脚背倒勾的基础配合方法及其具体要求：

（1）配合方法

②号队员的外摆倒勾配合：①号队员起球到位后，二传队员（③号）传给移动至网前的②号队员，进行外摆倒勾进攻（图4－25）。

②号队员的外摆倒勾配合：①号队员一次起球到位，二传队员（③号）传给移动至网前的②号队员进行倒勾（图4－26）。

封网队员的里合倒勾配合：③号队员防起后，②号队员作为辅助二传，传球给完成封网后转身准备里合倒勾的队员（T）（图4－27）。

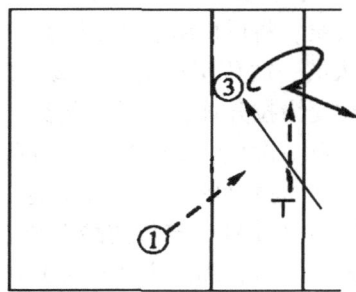

③号队员一次传的外摆倒勾配合：对方吊球给③号队员时，封网队员（T）转身移动至外摆倒勾位置，进行一次传倒勾进攻（图4－28）。

②号队员一次传的外摆倒勾配合：对方发球或推攻给③号队员时，②号队员迅速移动至网前进行一次传外摆倒勾（图4－29）。

②号队员自传的倒勾配合：当对方来球至③号队员附近，②号队员移动至网前外摆倒勾位置，必要时自传进攻以改变进攻节奏（图4－30）。

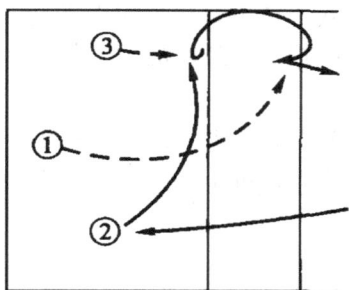

图4－25　②号队员的外摆倒勾配合　　图4－26　②号队员的外摆倒勾配合

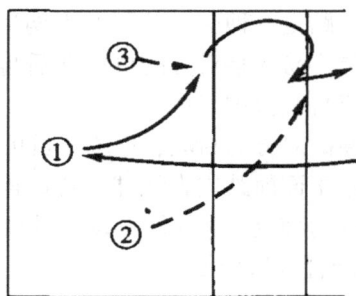

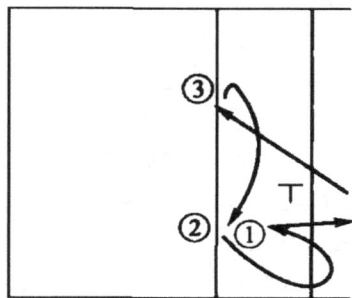

图4－27　封网队员（T）的里合倒勾配合　图4－28　③号队员一次传的外摆倒勾配合

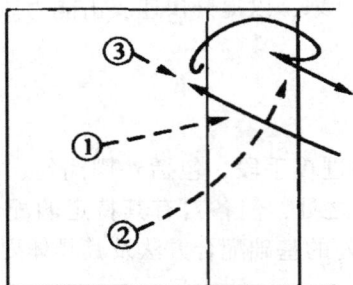

图 4-29 ②号队员一次传的外摆倒勾配合　图 4-30 ②号队员自传的倒勾配合

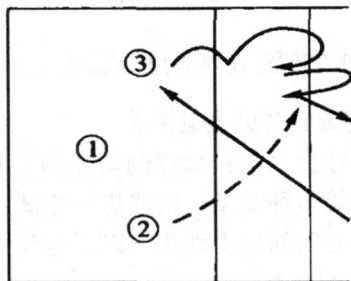

（2）配合要求

二传组织倒勾配合：节奏较慢，以稳定为主，确保配合质量。起球力争一次到位，难度大时采用两次击球。第一次击球调整至限制区内，保持与进攻队员的距离和角度，传球高度依据倒勾队员特点调整，快节奏和高点强攻相结合。

一次传组织倒勾配合：节奏快，要求进攻队员思想准备充分，迅速移动到位。封堵队员及时转身准备进攻，一次传队员调整节奏，与进攻队员紧密配合，传球高度根据进攻队员准备情况调整。

自传倒勾配合：多为二人次四次击球过网，自传自攻根据起球落点和对方防守情况，自传出不同方位、弧度和节奏的球，传攻配合需协调且隐蔽，作为一次传进攻失误的补救措施。

2. 正面前踏的基础配合

正面前踏是一种面对球网的近网进攻手段。其特点主要体现在以下两方面：其一是进攻队员容易观察对方的封堵和后排防守情况；其二是封回的球一般落在进攻队员体前，便于自我保护起球。

为了突破对方的封堵，进攻队员可根据传球的具体情况，运用不同的技巧。例如，可运用原地正面前踏攻直线球，跳起前踏高点进攻，也可采用改变身体的方向攻斜线球以及屈膝前踏或蹬腿压踝的动作处理近网球等。

（1）配合方法介绍

②号队员前踏二传球的配合：①号队员起球到位，③号队员移动至网前担任二传，将球传至②号队员体前上方，②号队员随即前踏进攻（图 4-31）。

封网队员担任二传：二传队员封网时，后排防守队员（①号）将球防起，封网队员（T）迅速转身，将球传给移动至网前的后排队员（②号）进行前踏进攻（图 4-32）。

②号队员一次传组织进攻：②号队员接球时，③号队员快速到位准备进攻，②号队员将起球变为拉开球，③号队员突然改变节奏进行前踏进攻（图 4-33）。

封堵队员一次传组织进攻：对方起球或吊球至我方网前，封网队员（T）一次传到位，后排防守队员（②号）快速助跑上前，进行前踏进攻（图 4-34）。

二传队员（③号）自传前踏助攻：②号队员起球给③号队员，③号队员第一次传小弧度球假装二传，随后突然自传并正面前踏助攻（图 4-35）。

自传前踏挡攻：对方起球控制不佳，球过网弧度高、离网近时，前排③号队员自传一次调整节奏，快速前踏进攻（图4－36）。

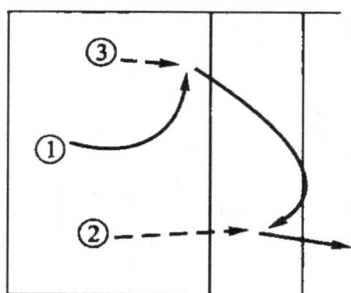

图4－31　前踏二传配合

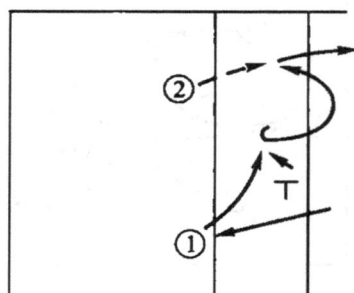

图4－32　②号前踏进攻

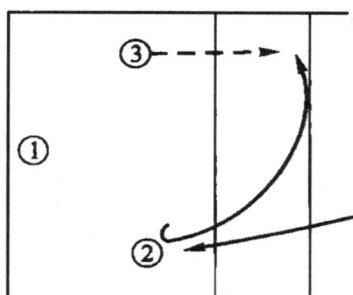

图4－33　②号一传进攻

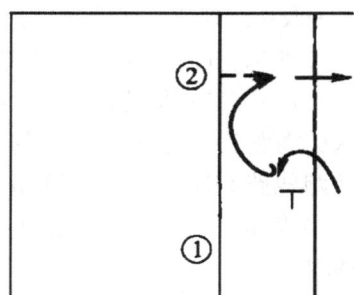

图4－34　封网队员一传进攻

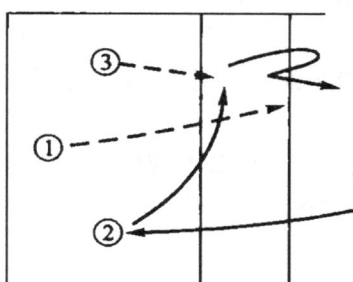

图4－35　二传自传前踏助攻

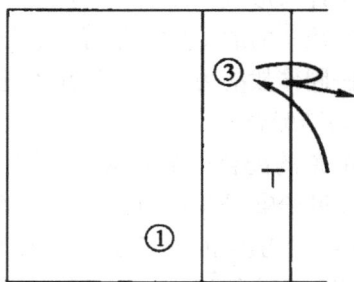

图4－36　自传前踏挡攻

（2）配合方法介绍

侧面头攻二传球的配合：①号或②号队员起球到位，③号队员担任二传，将球传起，①号队员斜线助跑侧面头攻（图4－37）。

正面头攻二传球的配合：②号队员起球到位，①号队员移动至正面头攻位置，③号二传将球传起，①号队员直线助跑正面头攻（图4－38）。

侧面头攻一次传球的配合：②号队员起球，第一次击球调整至限制线附近，③号头攻队员沿限制线平行助跑侧面头攻（图4－39）。

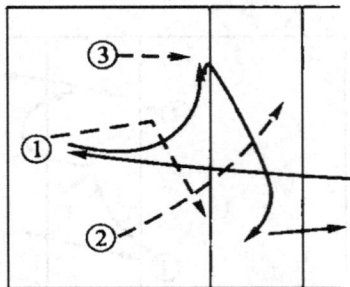

图4-37　侧面头攻二传配合

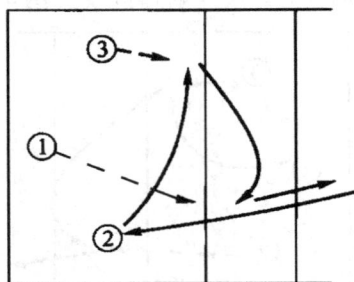

图4-38　正面头攻二传配合

（3）配合要求

起球应争取一次到位，球的弧度适中，落点靠右侧，离网2~2.5米，传球队员应充分利用网长组织进攻，使头攻队员的击球点保持在离网1~1.2米处。

进攻队员需利用起球和传球间的短暂时间，选择合适的助跑线路和距离，使助跑路线与传球飞行路线保持适当夹角，及时助跑、前冲、起跳，将球攻入对方场地。

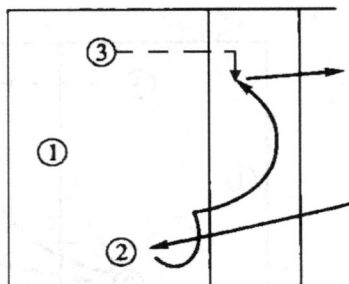

图4-39　侧面头攻一传配合

3. 进攻战术的整体配合

在毽球比赛中，进攻战术的整体配合是将基础配合优化设计，形成多点进攻的打法，以增强队伍的整体攻击力。整体配合的实现需要队员们在统一的战术思想指导下，通过多种配合方式，利用全队的智慧和力量，展现集体的协同作战能力。以下是几种进攻战术的整体配合类型及其具体实施方法：

（1）勾踏配合

拉开前踏的配合：②号队员起球给③号二传，①号队员网前倒勾牵制对方，③号二传突然拉开给②号队员前踏攻球，要求起球一次到位，二传第一次击球调整好人球关系，前踏队员随时准备形成两点进攻。

二传前踏主攻的配合：③号二传队员自传稍近网并不宜过高，突然起球高出球网，朝网前上方自传，并助跑前踏攻球，采用虚实结合的战术，突然助攻形成多点进攻。

（2）双倒勾配合

两名队员移动至网前形成双倒勾站位，①号队员靠3号位准备主攻倒勾，②号队员起球后移动至网前稍靠2号位，③号二传根据情况选点传球，①号队员以强攻为主，②号队员以小弧度快速进攻为主，二传隐蔽分球，突破对方封网。

（3）立体配合

一名队员网前准备倒勾牵制，另一名队员在限制线后助跑起跳头攻，要求二传弧度不宜过高，头攻队员准确判断传球，斜线助跑前冲起跳，把球攻入对方场区。

（4）接发球站位与配合

根据对方发球队员的特点和习惯选择站位阵形，考虑本队一攻战术需要，将脚攻队员和头攻队员安排在有利位置，减少接球次数，加快进攻节奏，考虑每个队员的接传能力，减少接起能力较差的队员接球机会，增加组织进攻机会。

接发球站位阵形分为"二一"三角站位、"边一二"站位和插上站位，各有优缺点，需根据具体情况灵活运用。

（5）防守进攻球的站位与配合

不封网防守阵形、一封二防防守阵形、二封一防防守阵形、防封回球的站位与配合、防推攻球的站位与配合，各具特色，针对不同进攻方式和比赛情况灵活运用，以达到最佳防守效果。

第五章 户外体育运动技巧

第一节 轮滑与冰雪运动

一、轮滑

（一）轮滑概述

轮滑，又称滑旱冰或滚轴运动，是一项穿着装有滚轮的特制鞋在平坦光滑的场地进行的体育活动。这项运动起源于18世纪的欧洲，最初是一位荷兰人为夏季替代滑冰而发明的滑轮溜冰。随着时间的推移，欧美地区对轮滑鞋进行了多次改良，促进了轮滑运动在欧洲各国和美洲的普及与发展。1924年，国际轮滑联合会的成立标志着轮滑运动正式步入了组织化和专业化的新阶段。

轮滑在19世纪传入中国，起初仅作为一种娱乐活动在沿海城市的少数人群中流行。直至20世纪80年代初，中国才开始举办正式的轮滑比赛。1980年9月，中国正式加入国际轮滑联合会，自此轮滑运动在中国得到了快速的发展与推广。

历经数十年的系统化和科学化发展，轮滑运动已经演变出了多个分支，包括但不限于速度轮滑、花样轮滑、自由式轮滑、单排轮滑球、双排轮滑球、极限轮滑、滑板、轮滑速降、轮滑回转、轮滑阻拦及小轮车等。这些项目不仅丰富了轮滑运动的内涵，也满足了不同人群的运动需求和兴趣爱好，推动了轮滑运动在全球范围内的普及与进步。轮滑项目及分类如表5-1所示。

表5-1 轮滑项目及分类

序号	项目	竞赛类别
1	速度轮滑	跑道比赛有300米计时赛、500米淘汰赛、1000米、5000米、10000米积分赛、20000米积分赛；公路比赛包括女子21千米半程马拉松赛、男子42千米马拉松赛

序号	项目	竞赛类别
2	花样轮滑	单人滑、双人滑、舞蹈
3	自由式轮滑	速度过桩、花式过桩、花式刹停
4	单排轮滑球	单排轮滑球
5	双排轮滑球	双排轮滑球
6	极限轮滑	街区轮滑、U池轮滑
7	滑板	街式比赛、碗池比赛
8	轮滑速降	轮滑速降
9	轮滑回转	轮滑回转
10	轮滑阻拦	轮滑阻拦
11	小轮车	小轮车

轮滑运动以其独特的魅力和多功能性，在全球范围内受到了广泛的欢迎。它不仅是一种竞技体育项目，还兼具娱乐、健身、艺术表演及便捷出行的功能。轮滑的多样性体现在以下几个方面：

竞技属性：轮滑运动包括速度轮滑、花样轮滑等多个竞技项目，这些项目在国际和国内的体育赛事中占有一席之地，展现了运动员的速度、技巧和耐力。

娱乐价值：轮滑为参与者提供了休闲娱乐的方式，无论是个人还是团体，都可以在滑行中享受乐趣，释放压力。

健康锻炼：作为一种全身性的运动，轮滑能够有效锻炼心肺功能，增强下肢力量，提高平衡协调能力，同时燃烧卡路里，促进身体健康。

艺术表现：花样轮滑融合了体操、杂技、舞蹈和造型艺术，运动员在滑行中展现优雅的姿态和精湛的技艺，具有很高的观赏性。

交通代步：在日常生活中，轮滑也可以作为一种环保、便捷的短途交通工具，尤其在城市环境中，它能够轻松穿梭于人群之中，节省出行时间。

轮滑的普及得益于其较低的门槛和便利性，只需要一双轮滑鞋和一片平整的地面，无论是专业的轮滑场还是公园、广场，甚至是人行道，都可以成为轮滑者的舞台。这种灵活性和便捷性使得轮滑成了一项老少皆宜的运动，深受各个年龄段人士的喜爱。

（二）轮滑基本技术

轮滑的基本技术包括站立、平衡、移动、滑行、滑行停止和弯道滑行等。

1. 站立、平衡和移动

（1）站立姿势练习

"丁"字形站立。

动作说明：一只脚的脚跟紧靠另一只脚的内侧，形成"丁"字形。这种姿势通常用于需要快速改变方向或准备移动的情况，因为重心偏向后方的脚，可以更迅速地推动身体前进或转向。

应用场合：武术、舞蹈、体育运动中常见。

八字形站立。

动作说明：双脚脚跟靠近，脚尖自然向外分开，形成"八"字形。这种姿势有助于稳定身体，分散重心，同时保持灵活度。

应用场合：在需要稳固站立的同时保持一定灵活性的场合，如某些舞蹈和武术运动中。

平行站立。

动作说明：双脚分开与肩同宽，脚尖稍微向内扣，身体微前倾，膝盖微弯。这种姿势提供了一个稳定的基底，适合需要长时间站立或准备进行对称性动作的情况。

应用场合：日常生活中最常见的站立姿势，也是许多体育训练和舞蹈练习的基础。

（2）平衡练习

原地移动重心。动作说明：从平行站立开始，先将上体及身体重心缓慢而平稳地移向一侧（比如左侧），直到大部分重量都在左脚上。保持几秒钟以确保平衡，然后同样平稳地将重心移回并转移到右侧，重复这一过程。这个练习有助于增强踝关节、膝盖和髋部的稳定性，同时也提高了核心肌肉的力量。

原地踏步。动作说明：从八字形站立开始，将重心移到一只脚上，同时另一只脚轻轻抬起，膝盖弯曲，让脚离地 5~10 厘米，然后再缓缓放下。接着换另一只脚重复相同的动作。这个练习不仅可以提升平衡感，还能增强腿部肌肉的力量和灵活性。

原地蹲起。动作说明：从双脚平行站立或八字形站立开始，进行下蹲和起立的动作。在下蹲过程中，保持背部直立，臀部向后坐，尽量让大腿与地面平行，然后用脚跟推地起身回到站立状态。双臂可以自然打开或放在胸前，以帮助维持平衡。这个练习对加强大腿、臀部和核心肌群非常有效，同时也锻炼了平衡能力。

（3）移动练习

双脚原地前后滑动。动作说明：从平行站立的姿势开始，双腿保持伸直，主要通过大腿肌肉的收缩来驱动，一脚向前滑动，同时另一脚向后滑动，形成一个前后交替的滑动模式。两臂应配合腿部动作自然前后摆动，以帮助维持身体的平衡和节奏。

向前八字走。动作说明：从丁字形或八字形站立开始，首先将一只脚（通常是后脚）向前迈出一小步，同时脚尖略微向外转，以八字步的方式行走。当身体重心转移到前脚时，后脚跟着向前移动，两脚交替进行，形成一种连续的八字形前进模式。这种移动方式有助于提高身体的协调性和方向控制能力。

横向迈步移动。动作说明：横向移动时，从平行站立的姿势开始，例如，如果要向右移动，右脚先向右迈出一步，身体重心迅速转移至右脚；紧接着，左脚跟上，轻触地面，但不承重，随后右脚再次迈出，重复这一过程。向左移动时，动作相同，只是方向相反。这种练习增强了横向移动的能力，对于篮球、网球等需要频繁侧向移动的运动特别有益。

2. 滑行

滑行技巧是许多体育项目中重要的组成部分，特别是在轮滑、滑冰和滑雪等运动中。初学者掌握基本的走步移动重心之后，学习滑行是一个自然而然的进阶步骤。以下是对几种滑行方法的详细解释：

走步双滑行。动作说明：在掌握了向前八字走的技能后，利用连续几步产生的惯性，迅速并拢双脚，从八字形变为平行站立，利用惯性向前滑行。保持身体重心在两脚之间，感受身体向前滑动的感觉。两臂自然摆动，以协助身体保持平衡。

高姿势交替滑行。动作说明：从八字形站立开始，膝盖微曲，上体直立。两脚同时蹬地，开始前滑。然后，重心交替移至左腿或右腿，非支撑腿（即右脚或左脚）侧向蹬地，支撑腿保持滑行，蹬地脚迅速收回并靠近支撑腿，再次形成八字形站立。这个过程两脚交替进行，两臂自然摆动，以协助身体平衡。

低姿势交替滑行。动作说明：基于高姿势交替滑行，但在更深的蹲姿下进行，上体前倾，这使得滑行动作幅度更大，用力时间更长，从而滑行速度更快。其余动作与高姿势交替滑行相似，两脚交替蹬地和滑行，两臂自然摆动以保持平衡。

交替双脚滑行。动作说明：两脚交替滑行3~4步或5~6步后，双脚迅速并拢，形成平行站立，借助惯性向前滑行。两臂自然前后摆动，协助身体平衡。然后，再次交替滑行几步，再进行惯性滑行，重复此过程。

3. 滑行停止

在轮滑、滑冰等滑行运动中，学会如何安全有效地停止是非常重要的技能，它能帮助滑行者避免碰撞和意外，同时也是控制速度和方向的关键。以下是两种常见的滑行急停方法：

八字停止法。动作说明：在滑行过程中，从两脚交替滑行的状态转换为两脚平行分开站立，随后将两脚尖向内转动，形成内八字形。同时，弯曲膝盖，使上体稍向前倾，两臂可以前伸，以维持身体的平衡。在这个姿势下，两脚的鞋轮内侧会与地面接触，产生摩擦力，逐渐减缓滑行速度直至停止。

T字停止法（也称为T形停止或拖刀停止）。动作说明：在滑行中，将身体的重心转移到前脚，前腿保持屈膝的姿势，而后脚则横放在前脚的后侧，形成一个大写的"T"形。此时，后脚的鞋轮内侧应紧贴地面，通过摩擦力来产生额外的阻力，帮助减速直至完全停止。

在执行这些急停技巧时，重要的是要保持冷静，集中注意力，并确保正确的身体姿势，以避免摔倒或受伤。初学者应在教练的指导下，在安全的环境中练习这些技巧，逐渐增加速度和难度，直到能够熟练掌握为止。正确的急停技术不仅能提高滑行的安全性，还能增强控制力和信心。

4. 弯道滑行

转弯技巧是滑行运动中的一项关键技能，它允许滑行者改变方向，绕过障碍物，或是按照赛道要求进行曲线滑行。以下是几种基础的转弯方法：

走步转弯。动作说明：在直线滑行中，想要左转时，每次落脚时脚尖略微向左转动，身体也相应地向左转动，通过连续的小调整，逐渐形成一条向左的弧线。右转时，只需将动作方向改为向右即可。

惯性转弯。动作说明：当达到一定速度时，双脚保持平行并稍微靠近。若要左转，左脚稍微置于前方，右脚在后，身体重心应落在两脚之间的后脚前脚尖处，前腿可适度弯曲，后腿相对直立。通过将身体重量压在左脚外侧和右脚内侧，利用惯性自然地引导身体沿左弧线滑行。右转时，只需交换脚的位置和身体的重心分布。

压步转弯。动作说明：在左转弯时，首先需掌握慢速转弯的方法。接着，屈膝下蹲，将重心完全转移到左腿，甚至超过左腿的支点，以实现更大幅度的倾斜。右脚向右侧蹬地后迅速收回，从左脚前上方跨越并短暂支撑，同时左脚迅速向左迈步并承担支撑作用。右脚再次向侧方蹬地，重复这一系列动作可以实现加速转弯。右转弯时，动作与左转弯类似，只是方向相反。

这些转弯技巧需要反复练习才能掌握，初学者应该从低速开始，逐渐增加转弯的难度和速度。在练习转弯时，保持身体的控制和平衡至关重要，因此，建议在有经验的教练指导下进行，以确保安全并获得正确的技巧指导。

（三）比赛规则

速度轮滑是一项竞技体育项目，它要求运动员在规定的场地或公路上以最快的速度完成设定的距离。根据比赛类型的不同，比赛场地和装备也有相应的标准和要求：

1. 比赛场地

（1）场地跑道比赛

跑道规格：跑道长度应在 125～400 米，宽度至少为 5 米。

弯道与直道：弯道跑道周长应在 125～250 米，直道部分至少占跑道总长度的三分之一。

标记：终点线需用 5 厘米宽的白色线清晰标出。

（2）公路比赛

跑道宽度：全程宽度至少为 6 米。

标记：起点和终点用 5 厘米宽的白色线标出。

公路赛分类："开放式"公路赛的起点和终点不相连，坡度路段不超过跑道总长的 25%；"封闭式"公路赛跑道长度应在 100～400 米，起点和终点相接。

2. 装备

头盔：保护头部免受撞击伤害。

护具：包括护肘、护膝和护掌，用于保护肘部、膝盖和手部。

轮滑鞋：分为双排轮滑鞋和单排轮滑鞋，单排轮滑鞋（也称为直排轮滑鞋）更为常见于速度轮滑比赛，因其提供了更好的速度和灵活性。

装备的选择和维护对运动员的安全和表现至关重要。运动员必须确保所有装备都处于良好状态，且适合自己的体型和运动水平。此外，遵守比赛规则和场地要求是每位参赛者的责任，以确保比赛的公平性和安全性。

二、滑冰

（一）概述

滑冰作为一项历史悠久的运动，其起源可以追溯到古代，而在中国，这项运动的历史同样悠久。尽管现代滑冰运动的很多规则和技术可能是从欧洲发展而来，但中国早在宋代就有了类似于滑冰的活动，当时被称为"冰嬉"。

"冰嬉"是中国古代冬季娱乐和军事训练的一部分，最早的文字记载出现在宋代，到了明清时期，冰嬉已经成为皇室贵族和民间百姓共同喜爱的冬季活动。清朝乾隆年间，冰嬉更是达到了鼎盛，不仅有专门的皇家冰嬉表演，还有选拔优秀冰嬉选手的制度，冰嬉技艺包括了速度滑行、花样滑行及冰上的杂技表演等。滑冰项目及分类如表 5-2 所示。

表 5-2　滑冰项目及分类

序号	项目	竞赛类别
1	速度滑冰	比赛项目有男子 500 米、1000 米、1500 米、5000 米、10000 米，女子 500 米、1000 米、1500 米、3000 米、5000 米
2	短道速滑	男、女的单项均为 500 米、1000 米、1500 米、3000 米，另有男子 5000 米接力和女子 3000 米接力比赛
3	花样滑冰	单人滑、双人滑、冰舞
4	冰球	成年组、青年组、少年组

滑冰确实是一种集娱乐、健身和技巧培养于一体的运动，它拥有广泛的吸引力，几乎适合所有年龄段和不同体质的人群。以下是滑冰带来的几大益处：

1. 娱乐性

滑冰提供了一种独特的娱乐方式，让人在冰面上自由滑行，享受速度与风的刺激，释放生活中的压力和紧张情绪。

2. 健身性

心肺功能：滑冰是一项有氧运动，能有效增强心肺功能，提高心脏泵血效率，促进血液循环。

全身锻炼：滑冰涉及全身多个肌肉群，包括腿部、腹部、背部和手臂，有助于增强肌肉力量和耐力。

柔韧性：滑冰的动作要求较高的柔韧性和协调性，长期练习能显著提高身体的柔韧性和平衡感。

3. 技巧性

滑冰需要掌握特定的技术动作，如启动、加速、转弯和停止等，这些技巧的掌握有助于提高个人的运动技能和自信心。

平衡能力：滑冰对于平衡能力的提升尤为显著，随着技巧的提高，个体在日常生活中的平衡感也会得到改善。

无论男女老少，只要身体健康状况允许，都可以参与滑冰运动。对于儿童来说，滑冰能够促进骨骼发育，提高身体协调性；对于成年人，它是一种有效的减压方式，同时有助于保持身材；对于老年人，适量的滑冰运动能够增强骨密度，防范骨质疏松的风险。

（二）基本技术

1. 直线滑行

直线滑行是滑冰中最基础的技能之一，通过一系列的练习，初学者可以逐渐掌握这项技能。下面是滑冰直线滑行练习步骤：

（1）陆地上模拟练习的基本姿势

练习者两腿并拢，屈膝下蹲，身体重心位于两脚之间，头部抬起，目视前方。两手互握置于背后，模仿冰上滑行时的姿势（图5-1）。

图5-1　陆地上模仿冰上滑行时的姿势

（2）冰上站立和蹲起练习

在冰上自然站立，双脚分开与肩同宽，脚尖略微外展，冰刀成外八字形。进行蹲起练习时，保持重心在两脚之间，两臂向侧前方伸展，以维持平衡。

（3）冰上原地踏步练习

重心在一只脚上，另一只脚抬起，放松踝关节，刀尖自然下垂。然后放下脚，将重心转移到这只脚上，抬起另一只脚。两脚交替进行，逐渐提高抬起脚的高度。

（4）原地移动重心练习

半蹲姿势，双手互握置于背后。先将重心移到一只脚，另一只脚侧伸，用内刃接触冰面。然后将重心移到另一只脚，重复侧伸脚的动作。

（5）冰上外八字走练习

两脚成外八字形分开，一只脚向前迈步，脚尖外展，同时另一只脚用内刃向侧后蹬冰，将重心移至前脚。两脚交替进行，向前移动。

（6）单脚蹬冰双脚滑行练习

双膝微曲，一只脚内刃向外侧蹬冰，同时将重心移到另一只脚上。蹬冰后，迅速向支撑脚靠拢，形成双脚向前滑行动作。两臂随滑行前后交替摆动，协助身体平衡（图5－2）。

图5－2 单脚蹬冰双脚滑行

（7）单脚蹬冰单脚滑行练习

与单脚蹬冰双脚滑行的起始姿势相同，但这次是一只脚蹬冰，另一只脚正刃向前滑行。蹬冰脚蹬冰后迅速向支撑脚靠拢，形成单脚滑行动作（图5－3）。

图5－3 单脚蹬冰单脚滑行

（8）冰上直线滑行练习

身体呈深蹲姿势，上体与冰面夹角为15°至20°角。滑行时，单脚蹬冰单脚滑行，反复练习，直到能够流畅地进行直线滑行。

2. 转弯滑行

转弯滑行是滑冰技巧的重要组成部分，它涉及身体的协调、平衡及对冰刀的精准控制。以下是几种基础的转弯滑行练习，旨在帮助初学者逐步掌握这一技能：

（1）原地向左移动练习

动作说明：从双脚平行站立的半蹲姿势开始，重心先移至右脚，左脚向左侧跨出半步，同时将重心转移到左脚，右脚迅速向左脚靠拢，恢复初始姿势。重复左脚向左的跨步动作，以练习向左的移动。

（2）原地向左交叉步练习

动作说明：保持半蹲姿势，重心在左脚，右腿向侧挺直伸出。接下来，右脚向左前方迈一大步，当右冰刀着冰时，重心从左脚移至右脚，同时左脚向身体右后方蹬直。左脚收回并向左侧迈出大半步，右脚迅速跟上，恢复初始姿势。继续用右脚进行向左的交叉步移动。

（3）左脚支撑右脚连续蹬冰转弯滑行练习

动作说明：在滑行过程中，保持半蹲姿势，重心在左脚上，左脚冰刀向左转动，外刃着冰。同时，身体向左倾斜，肩膀内转，右脚冰刀内刃向外侧连续蹬冰，以此方式在任意半径的圆弧上进行转弯滑行。双手可以随滑行前后交替摆动，或者互握置于背后，以保持身体平衡。

这些练习需要在冰上进行，初学者应当在教练的指导下进行，确保安全。练习时，重要的是保持身体的控制，注意重心的转移和冰刀的使用。随着练习次数的增加，动作会变得更加流畅，转弯也会更加自如。在掌握向左转弯的技巧后，可以将练习方向改为向右，以达到全面的技能提升（图5-4）。

图5-4　左脚支撑右脚连续蹬冰转弯滑行

3. 冰上停止

在冰上停止是一项重要的安全技能，它帮助滑冰者在必要时迅速减速或停止，避免碰撞和失控。以下是几种冰上停止技术的详细说明：

（1）犁状停止法（八字停止法）

动作说明：在滑行过程中，上体前倾，两膝微曲并向内扣合，降低身体重心。同时，两脚向外展开，形成内八字形状，利用冰刀的内刃切压冰面，增加摩擦力，最终使滑行停止。

（2）转体内外刃停止法（冰上急停）

动作说明：滑行时，两脚并拢，两刀平行。突然间，髋部带动膝盖和脚踝向一侧（左或右）转体90°，同时身体重心下降并倾斜向同一侧。利用右刀的内刃和左刀的外刃（或反之）逐渐加力压切冰面，产生足够的摩擦力以停止滑行。

（3）转体右刀外刃停止法

动作说明：在滑行中，迅速将身体向右转体90°，左脚轻微抬离冰面。随着身体的转向，右脚冰刀的刀尖向外旋转，同时左腿弯曲以降低重心，身体向后倾斜，将重心转移到冰刀的后部。利用右刀外刃压切冰面，直至滑行停止。如果要使用左刀外刃停止，则动作相反。

这些停止技术需要在教练的指导下练习，以确保安全性和正确性。初学者应该从低速开始练习，逐渐增加速度，直到能够熟练掌握这些技能。记住，正确的姿势和适当的体重分配对于成功停止至关重要。练习时，也要注意周围的环境，确保周围没有其他滑冰者，以免发生意外碰撞。

（三）比赛规则

1. 比赛场地

速度滑冰的比赛场地设计遵循国际滑冰联盟（International Skating Union，ISU）的规定，确保所有参赛选手在公平的条件下竞技。下面是对比赛场地的详细描述：

跑道布局：跑道由两条直线段和两个半圆形弯道组成，形成一个封闭的环形赛道。跑道的总长度可以是400米（标准奥运规格）或333.33米（通常用于室内场馆）。

弯道半径：内弯道的最小半径为25米，最大半径为26米，这有助于运动员在转弯时保持速度和控制。

跑道宽度：跑道的宽度应在4~5米，为运动员提供足够的空间来竞赛。

跑道分界线（雪线）：跑道上的分界线由雪制成，宽度为10厘米，高度为5厘米。这条线易于被冰刀触碰并留下痕迹，帮助裁判判定是否越界。在没有雪的情况下，可以使用相似尺寸的橡皮、木块或其他材料，并涂上与背景对比的颜色来代替雪线。

标记线：在距离起点线、边线、起跑预备线和终点线前5米的范围内，每隔1米会有一条5厘米宽的蓝色标线。终点线则为红色，同样宽度为5厘米（图5-5）。

这个标准的跑道设计确保了比赛的安全性和公正性，同时也便于观众观看和理解比赛进程。在正式比赛中，这些规范都会严格遵守，以维护比赛的权威性和运动员的成绩准确性。

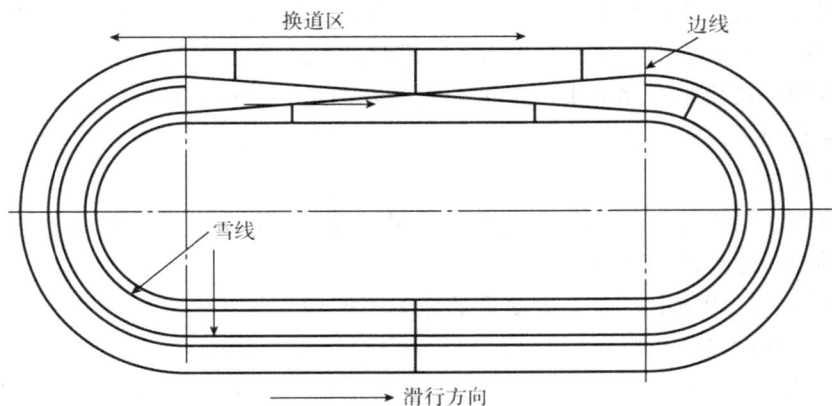

图5-5 速度滑冰的比赛场地

2. 装备

速度滑冰运动员的装备是经过精心设计的，旨在提高运动表现、减少空气阻力并保护运动员。以下是关于装备的详细信息：

（1）服装

速滑运动员穿着的是尼龙材质的全身连体服，这种服装的特点是将衣服、裤子、帽子、袜子和手套连成一体。这样的设计能够最大程度地减少空气阻力，提高速度。由于尼龙材质的保暖性不佳，在低温环境下，运动员可能会额外穿着贴身的棉毛内衣来增加保暖。在极端寒冷的条件下，运动员还可以在胸部和膝盖等关键部位添加防风纸或其他保暖材料。

（2）冰刀

冰刀的刀刃通常采用优质高碳钢制作，这种钢材硬度高且耐磨，适合在冰面上高速滑行。冰刀的其他非刃面部分则由轻质合金构成，以减轻整体重量，提高灵活性。

（3）冰鞋

冰鞋由优质厚牛皮缝制而成，设计为半高腰瘦长形，这种形状有利于脚部的紧密包裹，提供良好的支撑和稳定性。鞋跟部分特别坚硬，目的是更好地包围和固定脚跟，防止在高速滑行和急转弯时脚部发生不必要的移动。鞋底为硬皮材质，通过螺钉或铆钉将冰刀牢固地固定在鞋底上。

（4）安装位置

冰刀的安装位置非常讲究，右脚冰刀的刀尖通常位于右脚大脚趾正下方，而左脚冰刀的刀尖则位于左脚大脚趾与第二脚趾之间。冰刀的后跟都位于鞋跟的正中间，这样的布局能够保证运动员在滑行时的平衡和控制力。此外，冰刀的长度也比鞋子长，刀尖比鞋尖长出 8~9 厘米，刀跟比鞋跟长出 5~6 厘米，这样的设计是为了提供更好的滑行性能和稳定性。

这些专业的装备对于速度滑冰运动员来说至关重要，它们不仅影响着运动员的舒适度，更直接影响到比赛成绩和安全。

3. 竞赛通则

速度滑冰比赛的规则确保了比赛的公平性和安全性，以下是一些主要的比赛规定：

滑行方向：所有速度滑冰比赛必须按照逆时针方向进行滑跑。

换道规则：在长距离比赛中，赛道分为内外两道。运动员在滑行到特定的换道区时需要互换跑道，以确保每位运动员在比赛过程中都有机会使用内外道，这有助于保持比赛的公平性。

让道原则：当内外道的运动员在换道区相遇时，内道的运动员有义务主动让道给外道的运动员，避免发生碰撞。

雪线限制：在弯道滑行时，运动员的冰刀不能切入雪线以内，这是为了避免破坏赛道和保证比赛的安全性。

超车距离：如果有 2 名以上的运动员在同一跑道上滑行，后面的运动员与前一名运动员之间至少要保持 5 米的距离。但是，在不干扰前一名运动员的情况下，后面的运动员是可以进行超越的。

终点判定：当运动员的冰刀触及终点线时，才被视为正式到达终点，此时的成绩才会被记录。

抢跑处罚：比赛中，每组运动员只允许有一次抢跑犯规的机会。如果第二次出现抢跑，则该运动员将被取消比赛资格。

这些规则是根据国际滑冰联盟的规定制定的，旨在维护比赛的公正性和运动员的安全。违反规则的运动员将面临警告、罚分甚至取消资格的风险。在大型赛事中，这些规则会被严格执行，以确保比赛的顺利进行。

三、滑雪

滑雪运动根据目的和形式大致可以分为两大类：竞技类滑雪和旅游类（娱乐、健身）滑雪。

竞技类滑雪。竞技类滑雪注重技巧、速度和策略，其项目繁多，包括但不限于：

①高山滑雪：包括速降、超级大回转、大回转和回转等小项，强调速度和技术。

②北欧滑雪：分为越野滑雪和跳台滑雪，越野滑雪考验耐力和策略，跳台滑雪则侧重于技巧和飞行距离。

③自由式滑雪：涵盖空中技巧、雪上技巧、U形场地技巧和障碍追逐等，融合了技巧、风格和创新动作。

④冬季两项滑雪：结合了越野滑雪和射击，考验运动员的综合能力。

⑤雪上滑板滑雪：即单板滑雪，是一种年轻化的滑雪形式，强调技巧和个性表达。

竞技滑雪对运动员的身体素质、技术以及心理素质要求极高，需要专业的训练和比赛环境。

旅游类（娱乐、健身）滑雪。这类滑雪主要以娱乐和健身为目的，强调的是滑雪的乐趣和健康效益，适合不同年龄和技能水平的人群。常见的旅游类滑雪项目包括：

①高山滑雪：尽管它也是竞技类的一部分，但作为大众滑雪的首选，更多人会体验它的乐趣和挑战。

②单板滑雪：一种新兴的滑雪方式，双脚绑在一块宽大的雪板上，更注重技巧和灵活性。

③超短板滑雪：使用更短的滑雪板，增加了操控难度和刺激感。

④越野滑雪：在相对平坦的地形上进行，适合初学者和健身爱好者，安全系数较高，参与门槛低。

随着滑雪运动的普及和技术的进步，新的滑雪形式不断涌现，如上述的超短板滑雪、单板滑雪等，这些项目不仅丰富了滑雪运动的内容，也让更多人有机会参与到这项运动中来。同时，滑雪也被视为一种全面的体育活动，不仅能增强心肺功能，还能锻炼身体协调性和平衡感。

无论是追求速度和技巧的竞技滑雪，还是追求乐趣和健康的旅游类滑雪，滑雪运动都展现了其独特的魅力和广泛的社会价值。

（一）高山滑雪器材装备

高山滑雪是一项充满激情和挑战的运动，它需要专业的装备以确保运动员的安全和最佳表现。以下是关于高山滑雪装备的详细介绍：

1. 高山滑雪板

高山滑雪板的设计旨在优化在不同雪况下的控制和性能。滑雪板由三个主要部分组成：前部、中部和后部。中部装有固定器，而两侧镶有钢边以增加耐用性和控制力。滑雪板的前部较宽，后部适中，侧面呈现出明显的弧线，这种设计有助于在转弯时提供更好的抓地力和稳定性（图5-6）。

2. 高山滑雪鞋

高山滑雪鞋设计用于保护脚和踝部，同时提供必要的固定和支持。鞋由内外两层组成，外层硬壳防水且能抵御碰撞，内层则由柔软材料构成，旨在保暖并提高舒适度。滑雪鞋的坚固性和贴合性对于在滑雪时保持稳定和控制至关重要（图5-7）。

图5-6 高山滑雪板

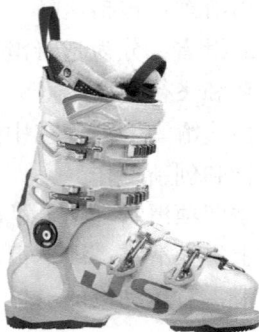

图5-7 高山滑雪鞋

3. 高山滑雪固定器

固定器是连接滑雪鞋与滑雪板的关键部件，其主要功能是确保安全。当外力超过设定的安全阈值时，固定器会自动释放滑雪板，防止滑雪者受伤。固定器由前、中、后三部分组成，前部和后部可调节松紧，以适应不同的滑雪条件和个人偏好。中部包含垫板和止滑器，后者可以防止滑雪板在未被穿戴时滑走（图5-8）。

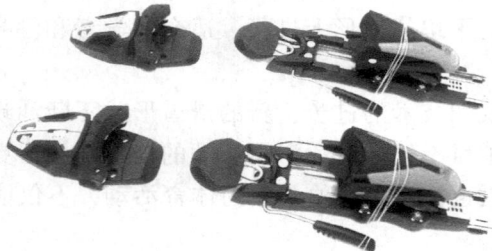

图5-8 高山滑雪固定器

4. 高山滑雪杖

滑雪杖用于辅助滑雪者在滑行过程中保持平衡、加速和引导转弯。杖杆通常由轻质铝合金制成，上粗下细，顶部有握柄和腕带，底部有杖尖和雪轮。杖尖提供抓地力，防止在硬雪上滑动，而雪轮则限制杖尖过度插入雪中。滑雪杖的理想高度大约等于滑雪者的肘部高度，这样在滑雪时可以提供最佳的支撑效果（图 5 – 9）。

图 5 – 9　高山滑雪杖

这些装备共同构成了高山滑雪的基本装备，每一件都是为了提升滑雪体验和安全性而精心设计的。初学者在选择固定器的强度时，建议从较低的等级开始，例如 4 到 6，以便在学习过程中提供更多的安全保障。

（二）滑雪安全

1. 国际雪联滑雪者准则（十条）

国际雪联（International Ski and Snowboard Federation，FIS）制定了一套滑雪者准则，旨在促进滑雪场上的安全和文明行为。以下是准则的十条要点：

①尊重他人：所有滑雪者，无论是双板还是单板，都应避免任何可能伤害自己或他人的行为。

②控制速度和方式：滑雪者应根据自身技能、雪质、天气状况和雪场拥挤程度，控制好滑行速度和方式。

③前方滑雪者优先：后方滑雪者应选择不会危及前方滑雪者的路线。

④保持安全距离：超越他人时，应保持适当距离，以免造成危险。

⑤安全停留：中途休息或向上攀爬时，应确保不会对自己或他人构成威胁。

⑥避免危险区域：避免在赛道、狭窄雪道或视线受阻处停留，若必须通过，应迅速离开。

⑦遵守道路规则：在雪道上行走时，应靠边行走。

⑧注意标识：滑雪者应充分注意和遵守所有信号牌、指示牌和指示标志。

⑨互助精神：遇到事故时，所有滑雪者都有义务协助受伤者。

⑩事故记录：事故涉及的滑雪者或目击者应相互留下联系方式，不论责任归属。

这十条准则虽然不具备法律效力，但无论责任如何追究，滑雪者都应该在考虑安全风险的情况下，谨慎滑行，只有自己才能保证自身的安全。

2. 安全摔倒与站起

（1）安全摔倒的方法

安全摔倒是指在即将失控或面临潜在危险时，采取正确的方法摔倒，以最小化伤害。步骤如下：

急剧下蹲：降低身体重心，准备摔倒。

侧坐滑行：臀部向侧后方坐下，面向山下滑动，避免翻滚。

肢体保护：抬起双脚和双臂，尽量使雪板和雪杖脱离雪面。

静止不动：在滑动停止或受伤后，避免盲目行动。

（2）跌倒后站起的方法

不卸下雪板自己站起的步骤如下：

调整体位：将头部转向山的一侧，脚朝山下，侧坐在雪面上。

收拢雪板：将双雪板贴近臀部，保持平行，山上侧的雪板边缘应嵌入雪中。

利用雪杖或手部支撑：在体后方或上方用雪杖或手支撑。

蹲起站直：先蹲起，然后缓慢站起。

安全摔倒方法及站起方法如图 5-10 所示。

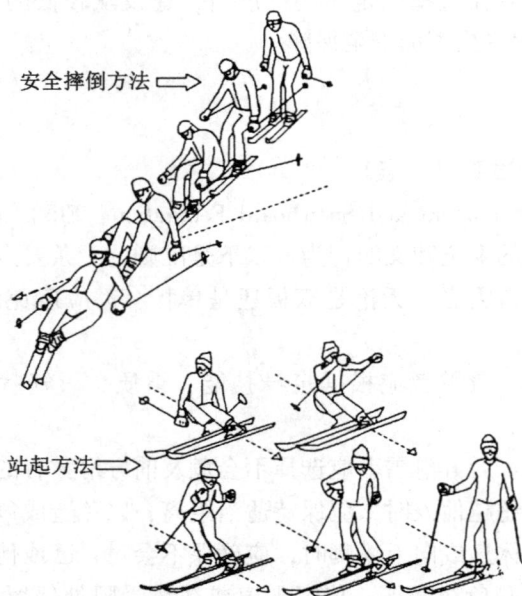

图 5-10　安全摔倒方法及站起方法

这些技巧和准则有助于滑雪者在享受滑雪乐趣的同时，保持安全并尊重他人。滑雪者应始终将安全放在首位，理解并实践这些指导原则。

（三）滑雪技术

1. 滑雪者的基本姿态

滑雪的基本姿态是滑雪技术的基础，它贯穿于滑雪运动的各个阶段，对掌握各种滑雪技巧至关重要。正确的滑雪基本姿态包括以下要点：

站立姿势：身体放松，双雪板平行放置，与胯宽相近，保持均匀受力。

体重分配：双脚掌或脚弓处承载体重，确保雪板平稳。

膝部调整：双膝前顶，整个身体前倾，膝部应保持弹性，以适应不同的滑行需求。

身体姿态：臀部提升，腹部收缩，上体轻微前倾。

雪杖握持：双手握住雪杖，置于固定器前部外侧，与腰部齐平，杖尖离地，肩膀放松。

视觉焦点：目光应向前方 10～20 米的雪面集中。

维持姿势：虽然基本姿态看似简单，但在滑行中保持稳定并不容易，需要反复练习直至形成自然习惯。

2. 犁式直滑降

犁式直滑降是高山滑雪中的基础技术之一，通过将雪板内刃立起并保持一定角度，形成犁形，以控制速度和方向。以下是犁式直滑降的技术要领：

起始姿势：在适宜的缓坡上，保持滑雪基本姿态，身体和手臂保持稳定。

板形调整：以雪板前端为轴心，通过双脚拇趾跟部发力，将雪板后部向外推开，形成犁式板形，板尖保持一定间距。

内刃控制：确保内刃清晰立起，依靠双脚内侧均衡用力滑行，同时，通过改变犁式大小，调整速度。

身体平衡：重心应位于两板中央，身体姿态、腿部用力、立刃程度等要素需保持对称。

上体放松：保持上体放松，视线向前。

重心调整：根据滑行速度、坡度、雪质等因素，适时调整重心位置。

速度与平衡控制：除了调整犁式的大小，还可以通过调整肌肉用力和立刃强度来控制滑行速度和保持平衡。

掌握犁式直滑降技术对于初学者尤其重要，它不仅帮助控制速度，也是学习其他高级技巧的基础。熟练运用这一技术，可以使滑雪过程更加安全、流畅。

3. 犁式转弯

犁式转弯是在犁式直滑降的基础上，通过调整身体重心和雪板的受力情况来改变方向的一种技术。它是滑雪基础转弯技巧之一，对于掌握更高级的转弯技术至关重要。下面详细解释犁式转弯的应用范围、实现方式及动作要领。

（1）应用范围

犁式转弯适用于多个方面：

体验与强化控制：帮助滑雪者体验和加强通过移动重心、蹬动一侧雪板及调整立刃大小来改变雪板迎角的能力。

速度与方向控制：提高在滑行中控制速度和方向的意识与能力。

适用场景广泛：适用于缓坡、低中速滑行，几乎适用于所有雪质。

人群普遍适用：适合所有年龄和水平的滑雪者。

基础技能积累：为后续学习平行转弯等高级技巧打下坚实的基础。

（2）实现方式

犁式转弯可以通过以下几种方式实现：

重心转移：最简单直接的方式是向一侧雪板移动重心，使其成为主动板，从而形成自然转弯。

施压变形：在犁式直滑降状态下，增加一侧雪板的压力，使其变形，进而实现自然转弯。

调整迎角：通过增大一侧雪板的迎角，使其成为主动板，实现小半径的犁式转弯。

（3）动作要领

下面以向左转弯为例，说明犁式转弯的具体操作：

保持基本姿势：保持犁式直滑降的姿势，双腿形成两个等腰三角形，双脚内侧均匀用力。

重心转移：向右侧雪板（即将成为主动板的一侧）移动重心，使右雪板受力增大，左雪板受力减小。

主动与从动：右雪板开始向左转弯，成为主动板；左雪板随之被动转动，成为从动板；同时，上体尽量保持面向山下。

完成转弯：完成向左转弯后，继续一段向左的犁式斜滑降。

若要向右转弯，操作相似，只需将重心转移到左侧雪板，使之成为主动板，其余步骤相同。

犁式转弯是滑雪技巧中的基础，熟练掌握这一技术，将为滑雪者带来更安全、更流畅的滑行体验。

第二节　极限飞盘

一、极限飞盘简介

极限飞盘，通常简称为飞盘，是一项结合了速度、策略和团队协作的非接触性团队运动。它强调的是体育精神、公平竞争和自我裁判的原则，这被称为"极限飞盘精神"。极限飞盘运动的参与者需要展现出尊重对手、遵守规则、诚实比赛和积极乐观的态度。

（一）极限飞盘的特点

无身体接触：与其他对抗性运动不同，极限飞盘要求在比赛中避免任何形式的身体接触，这使得它成为一种适合男女混合比赛的运动。

团队合作：比赛通常由两队各 7 名队员进行，队员间需要通过精准的飞盘传递来得分，强调团队之间的沟通与配合。

自我裁判：极限飞盘的一大特色是比赛中的争议通常由运动员自己解决，这要求运动员具备高度的体育道德和诚信。

体能与技能：极限飞盘不仅需要运动员拥有良好的体能，如速度、敏捷性和耐力，还需要掌握精确的飞盘投掷和接盘技巧。

战术策略：与足球、篮球等运动类似，极限飞盘同样需要战术部署和即时的战略调整。

（二）极限飞盘的比赛规则

比赛目标是在对方的得分区内成功传球给队友，以获得分数。

运动员在接到飞盘后有 10 秒钟的时间传盘给队友。

如果飞盘落地或被对方拦截，控球权将转换给对方队伍。

在传递飞盘时，运动员必须保持至少一只脚在地面上，即所谓的"标记"（Mark）。

比赛通常在长方形的场地上进行，两端设有得分区。

（三）极限飞盘的发展

极限飞盘运动在全球范围内迅速发展，吸引了大量爱好者和专业运动员。然而，需要澄清的是，目前极限飞盘尚未被列为奥运会或冬奥会的正式比赛项目。不过，它已经在一些国际赛事中得到了认可，比如世界运动会和世界大学生运动会。

极限飞盘不仅是一项竞技运动，也是一种社交和团队建设的活动，适合不同年龄和背景的人们参与。它倡导的体育精神和价值观，如尊重、诚实和团队协作，使其成为全球范围内广受欢迎的运动项目。

二、极限飞盘场地

极限飞盘的比赛场地是一个长方形区域，设计有特定的尺寸和标记，以确保游戏的顺利进行。下面是关于极限飞盘场地的详细描述：

①场地尺寸。总长度为 100 米，宽度为 37 米。

②边界线。场地周围由边界线界定，包括两条边线和两条底线。边界线的宽度应在 75～120 毫米。

③场地分区。中间的正式比赛场地：长 64 米，宽 37 米。两端的得分区：每个长 18 米，宽 37 米。

④得分线。得分区与正式比赛场地之间有得分线划分。得分线被视为正式比赛场地的一部分。

⑤标点。标点是场地上的重要标记点，由两条1米长的线交叉形成。这些点位于正式比赛场地内，距离每条得分线中点20米。

⑥场地标记物。使用8个颜色鲜艳、质地柔软的物体（例如塑料角标）来标示正式比赛场地和得分区的各个角落。

这些标记和尺寸对于确保游戏的公正性和安全性至关重要。运动员需要熟悉场地布局，以便在比赛中准确判断位置和边界，同时避免出界或违反其他规则。场地的设计保证了游戏的流畅性，并且有助于提高运动员的策略规划和执行能力。

极限飞盘场地如图5-11所示。

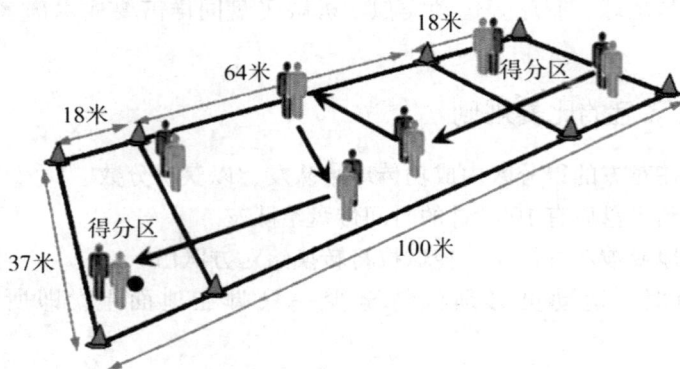

图5-11　极限飞盘场地

三、极限飞盘规则

极限飞盘是一项结合了团队合作、策略和运动技巧的非接触性团队运动。以下是比赛的基本规则和流程：

（一）开盘

每局比赛开始时，双方各有7名队员。
开始时，防守方将飞盘传给进攻方的球员，以此启动比赛。

（二）传盘

进攻方持盘球员不可移动，但可以以一脚为支点旋转。
可以向前方、后方或横向传球给队友。
防守方仅一人可直接盯防持盘球员，其他防守球员需保持至少3米距离。

（三）计时

持盘球员有10秒的时间传球，防守方球员需大声倒数。

（四）失误

若传球失败（出界、触地、被防守方截获或超时），则攻守转换。

（五）得分

进攻方在对方得分区成功接盘即得一分。

（六）身体接触

极限飞盘中不允许身体接触。

（七）犯规

身体接触被视为犯规，犯规者需立即喊出"foul"，即"犯规"。
犯规处理包括比赛暂停、控制权判断、比赛恢复等。

（八）裁判

极限飞盘比赛通常不设裁判，争议由场上球员自我裁决。

（九）比赛精神

强调体育精神、公平竞赛、互相尊重和乐趣。
极限飞盘的这些规则不仅确保了比赛的公平和安全，还体现了运动的核心价值——尊重对手、遵守规则和享受比赛。比赛中，团队合作和战术规划同样重要，需要球员们在遵守规则的同时，展现出高超的技巧和智慧。

四、飞盘基本技术手法

（一）反手握法

1. 基础手法

（1）第一种基础握法（反手握法）
食指定位：食指贴于飞盘的外缘，起到引导飞盘飞行方向的作用。
中指支撑：中指伸展开来指向盘的中心，为飞盘提供稳定的支持，防止飞盘在飞行中摇晃（图5－12）。
力度控制：飞盘底部仅用两根手指轻触边缘，这种握法虽然力度较小，但通过食指尾部对飞盘的牵引力来调整力度。
特点：此握法强调控制而非力量，适合于需要精确度和稳定性的投掷。
（2）第二种基础握法
食指贴边：与第一种握法类似，食指贴于飞盘边缘。
多指紧握：与第一种握法不同的是，这里有更多的手指紧握飞盘边缘，增加了握盘的力量（图5－13）。

力度与控制的平衡：虽然这种握法提供了更大的力度，但如果失去对飞盘的控制，力度将变得毫无意义，因此这种握法在实际比赛中较少使用。

特点：这种握法更适合需要力量的投掷，但可能牺牲了一些控制和精确度。

在极限飞盘中，正确的握法是基础，它可以帮助运动员更好地控制飞盘的飞行路径，同时也能减少在投掷过程中对身体的伤害。每种握法都有其适用的场景，运动员应根据实际情况和自己的技术特点选择最适合的握法。在练习和比赛中，运动员可能会结合使用这两种握法，以适应不同的战术需求和比赛情境。

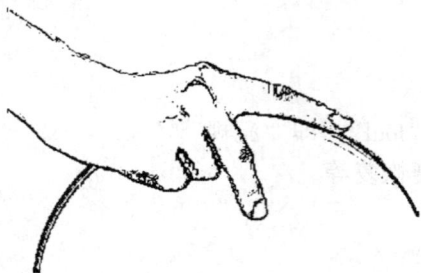

图5－12　反手握法（第一种基础握法）　　**图5－13　反手握法（第二种基础握法）**

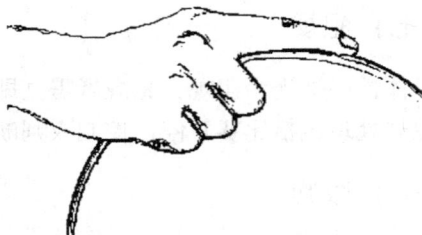

2. 强力握法

特点：强力握法是最为流行的握法之一，特别是在有经验的掷盘者和飞盘高尔夫玩家中广泛使用。这种握法要求所有手指都紧紧抓住飞盘边缘，不使用任何手指来支撑飞盘中心。

食指作用：食指尾部对飞盘的拉动力量强大，有助于克服飞盘不稳定的问题，但这种握法可能较难扔出反手高位盘，因为飞盘在出手前缺乏快速上抬的力。

拇指与握力：拇指的位置和握力也很关键，通常握得越紧，飞盘可以获得更多的旋转，这对于在有风条件下保持飞盘飞行稳定很有帮助。将拇指指向飞盘中心，可以更紧地抓住飞盘，保持其平稳飞行，尤其是在需要扔反手高位盘时（图5－14）。

3. 混合握法

结合优势：混合握法结合了基础握法和强力握法的优点。食指紧握飞盘边缘，提供掷盘所需的力量，而中指微伸展支撑飞盘，有助于稳定（图5－15）。

适用性：这种握法非常适合掷各种类型的飞盘，包括反手高位盘。与强力握法相比，混合握法可能在力量上略显不足，但在控制和适应性上更为出色。

拇指位置：混合握法中拇指的位置同样重要，参照强力握法，将拇指指向飞盘中心，以增强抓握力和控制力。

每种握法都有其特定的优势和适用场景，运动员应根据自己的技术和比赛需求选择最合适的握法。通过不断的练习和尝试，可以找到最适合自己的飞盘握法，从而提高掷盘的精度和距离。

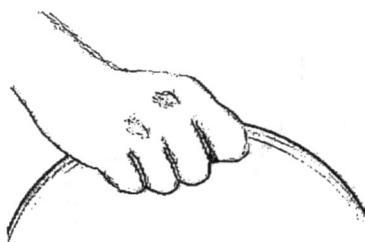

图 5 – 14 强力握法

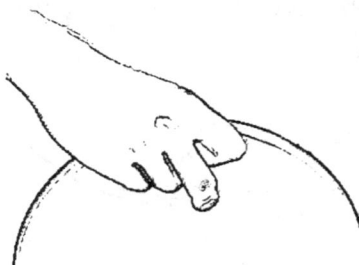

图 5 – 15 混合握法

（二）正手握法

1. 基础握法

特点：基础握法近似于反手握法，适合飞盘初学者。中指置于飞盘底部边缘，食指伸向盘心，提供支撑（图 5 – 16）。

优势与劣势：这种握法提供良好的飞盘控制，但力度有限，因为食指的伸展限制了手腕的后伸幅度。

2. 强力握法

第一种方式：食指紧靠中指，贴于飞盘内缘。这种握法允许手腕后伸，给予飞盘更多动力，但可能导致控制性下降（图 5 – 17）。

第二种方式：食指和中指轻微弯曲，保持飞盘平衡，适合掷出正手高位盘。

拇指作用：如同反手掷盘，拇指应紧握飞盘，帮助飞盘克服风阻，实现更好的旋转。

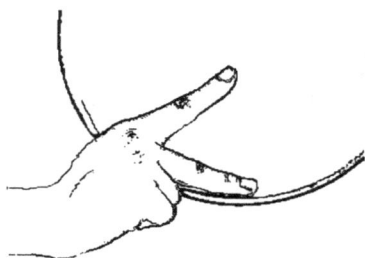

图 5 – 16 基础握法

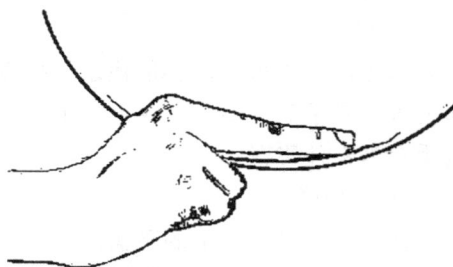

图 5 – 17 强力握法（第一种方式）

3. 混合握法

特点：类似反手混合握法，食指弯曲，食指和中指的指肚压在飞盘内缘，支撑飞盘，同时允许手腕后伸，增加掷盘力量（图 5 – 18）。

优势：有助于掷出正手高位盘。

4. 其他握法

适用对象：适用于正手掷盘技巧较弱的玩家。中指侧面顶住飞盘内缘，无须在掷盘时转换手形（图 5 – 19）。

注意事项：这种握法可能对指关节造成压力，长期使用应注意防护。

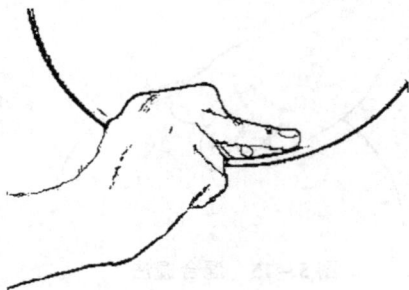

图 5 – 18　混合握法　　　　　　　图 5 – 19　其他握法

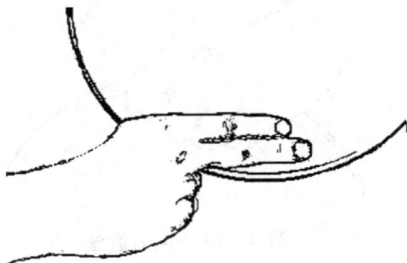

5. 握法调整与个性化

在掌握了基本握法后，玩家可以根据个人的手形、力量和掷盘习惯进行微调，探索出最适合自己的握法。每个人的手指长度、手掌大小和力量分布都不同，因此，通过实践和调整，找到一个既能发挥最大力量又能保持良好控制的握法至关重要。许多专业选手会根据不同的掷盘类型和战术需要，灵活变换握法，以达到最佳的飞盘投掷效果。

（三）飞盘接法

飞盘接法是极限飞盘运动中的一项基本技能，它包括双手接法和单手接法，每种接法又有具体的分类，如夹接或拍接、上手接法和下手接法。下面是对这些接法的详细介绍：

1. 双手接法

（1）双手夹接

描述：这是比赛中最常用、最稳定的接盘方式。

动作要求：双手五指微张，一手在上一手在下，两手相距20～30厘米，主动迎接飞盘，两手合力夹住飞盘。

（2）双手上手接法

描述：适用于接胸部以上的飞盘。

动作要求：双手抬起，五指自然张开，四指在上、大拇指在下，虎口对准飞来的飞盘。接盘时，眼睛盯紧飞盘，主动伸手迎接，接盘瞬间虎口合拢，五指扣紧。

（3）双手下手接法

描述：适用于接腹部以下的飞盘。

动作要求：与上手接法动作相反，四指在下、大拇指在上，虎口对准飞盘，同样要求眼睛盯紧飞盘，主动伸手迎接，并在接盘瞬间虎口合拢，五指扣紧。

2. 单手接法

描述：单手接盘的稳定性虽不及双手接法，但防守范围更广，伸展幅度更大。在接高空盘、低位盘及与防守者争夺飞盘时，单手接法更受高水平选手青睐。

动作要求：单手接法分为上手接和下手接，其具体动作和要求与双手接法相似，主要区别在于使用一只手进行接盘。

掌握正确的接盘技巧对于提高比赛中的成功率和防范受伤风险至关重要。无论是双手接法还是单手接法，都需要在实践中不断磨炼，以提高接盘的准确性和反应速度。在接盘时，保持专注、准确判断飞盘的轨迹、及时调整身体姿势是非常重要的。

（四）弧线盘

弧线掷盘是极限飞盘中的一种高级技巧，它允许玩家利用飞盘的自然曲线来绕过防守者或利用场地特征，以更精准地将飞盘传送到目标区域。弧线掷盘分为反手弧线掷盘和正手弧线掷盘，两者在基本技术上与标准的反手和正手掷盘相似，但重点在于调整飞盘的出手角度和姿态。

1. 反手弧线掷盘

出手角度：反手弧线掷盘的出手点要比普通反手掷盘更高，这意味着飞盘在出手时需要有一个倾斜角度，盘头应略高于握盘手的位置。

飞盘姿态：飞盘需要保持一定的倾斜，以便于在飞行过程中形成弧线轨迹。

力度控制：根据目标位置和所需弧线的曲率，调整掷盘的力度。

2. 正手弧线掷盘

出手角度：与正手掷盘相比，正手弧线掷盘同样需要调整出手角度，以实现飞盘的弧线飞行。

技术相似性：除了出手角度的调整，正手弧线掷盘的其他技术要素与标准的正手掷盘相似。

3. 弧线掷盘技术要点

飞盘姿态：确保飞盘在出手时有一个适当的倾斜角度，这会影响飞盘的飞行曲线。

出手时机：弧线掷盘往往需要比常规掷盘更早的出手时机，以充分利用飞盘的自然曲线。

力度控制：根据目标距离和所需弧线的高度，精确调整掷盘力度。

掌握弧线掷盘技术可以让玩家在比赛中拥有更多的战术选择，特别是在面对严密防守时，能够创造出意想不到的传球线路。然而，这项技术需要大量的练习和对飞盘飞行特性的深刻理解，以确保每次掷盘都能准确无误地达到预期目标。

（五）轴转和假动作

在极限飞盘中，轴转和假动作是两项高级技巧，它们不仅可以帮助你摆脱防守者，还能创造有利的传球机会。下面分别对这两项技巧进行介绍：

1. 轴转

（1）定义

轴转是指在接住飞盘后，利用腰部作为旋转轴心，快速改变身体方向，从而使飞盘从不同的角度飞出，以避开对手的防守。

（2）目的

轴转动作可以帮助持盘者在短时间内改变方向，甩开紧逼的防守者，为自己或队友创造传球空间。

（3）技巧要点

良好的核心力量：轴转要求有强大的腰部和核心肌群力量，以确保旋转动作的稳定性和爆发力。

快速反应：持盘者需要迅速识别防守者的动向，并立即做出反应，利用轴转动作改变自己的位置。

平衡控制：在旋转过程中，保持身体平衡，避免失去重心，这样才能有效地完成传球动作。

2. 假动作

（1）定义

假动作是指通过模拟传球或移动的方向来误导防守者，使其做出错误判断，从而为真正的传球或突破创造机会。

（2）目的

假动作的目的是欺骗防守者，使其在一瞬间的犹豫中露出破绽，持盘者可以利用这个时机，将飞盘传给队友或寻找更好的传球路线。

（3）技巧要点

逼真性：假动作必须看起来像是真实的传球意图，这样才能让防守者信以为真。

快速转换：在防守者意识到被欺骗之前，迅速切换到真正的传球动作，以避免被识破。

观察防守者：在做出假动作前，要仔细观察防守者的站位和注意力，选择最有可能成功的假动作。

轴转和假动作都需要良好的身体协调性和对比赛节奏的敏锐感知。通过反复练习，运动员可以提高这些技巧的运用能力，使自己在比赛中更加难以被防守。

四、简易趣味训练法

（一）三人训练法

三人训练法是一种高效的热身和技能提升练习，适合极限飞盘队伍在训练开始时进行。这种方法不仅能够帮助队员们快速进入状态，还能有效锻炼掷盘、接盘、防守、突破防守和轴转等多项技能。以下是三人训练法的具体操作：

1. 训练设置

人员安排：三名队员参与，分别标记为 A、B、C。

位置分布：A 和 C 相距 10 ~ 15 米。

防守机制：B 负责防守 A，但在开始时有 5 秒的延迟计数期。

2. 训练流程

A 掷盘给 C：A 在 B 的防守下，试图将飞盘掷给 C。

A 变为防守者：A 掷出飞盘后，迅速移动到 C 的位置，接手防守 C。

C 掷盘给 B：C 接住飞盘后，目标是将飞盘掷给 B。

C 变为防守者：C 掷出飞盘后，移动到 B 的位置，接手防守 B。

循环往复：这个过程不断循环，B、C、A 依次扮演掷盘者和防守者的角色。

3. 技能强化

掷盘：练习在不同角度和距离下准确掷盘。

防盘：提高防守技巧，包括预判掷盘方向和保持防守距离。

突破防盘：学习如何在被防守时找到空档，成功掷出飞盘。

轴转：通过轴转改变方向，甩开防守者。

"弓步"绕过防盘者：利用身体动作和脚步技巧，巧妙绕过防守者。

三人训练法是一种多功能的练习，它不仅能够提高个人技能，还能增强队员之间的默契和沟通。通过这种练习，队员们可以在轻松的氛围中快速提升，为后续的团队战术训练打下坚实的基础（图 5 - 20）。

图 5 - 20　三人训练法

（二）迎盘跑动训练法

迎盘跑动训练法是一种旨在提升队员掷盘准确性、接盘时机把握以及跑动中接盘能力的有效练习。这项训练通常需要较大的场地空间，以便进行长距离的跑动和掷盘。以下是训练的具体步骤：

1. 训练设置

角色分配：设定一名掷盘者（A）和一名跑动者（B）。

初始位置：跑动者（B）背对掷盘者（A），直线跑动 15～20 米后停下，然后迅速转身朝掷盘者方向跑回。

2. 训练流程

掷盘时机：当跑动者停下并转身的瞬间，掷盘者准确掷出飞盘。

接盘与跑动：飞盘应正好在跑动者转身时到达其位置，跑动者需要迎着飞盘跑动并接住它，而不是停下等待飞盘。

重复练习：跑动者接住飞盘后，将其放下，再次向远离掷盘者的方向跑动 15～20 米，而掷盘者则去捡起飞盘准备下一次掷盘。

角色交换：完成 5~6 个回合后，当达到场地另一端的得分区时，掷盘者和跑动者交换角色，从场地的另一侧开始重复训练。

3. 技能强化

掷盘：练习在跑动者转身瞬间准确掷盘的时机把握。

接盘时机：提高跑动中接盘的技巧，学会迎着飞盘跑动，而不是停下等待。

迎盘跑动：加强在移动中接盘的能力，确保跑动方向与飞盘飞行路径相匹配。

4. 身体调节

避免等待：新手常常会犯在空中等待飞盘的错误，这会降低接盘效率。正确做法是迎着飞盘跑动，直到接住它。

保持动势：即使在接盘瞬间，也应保持一定的跑动动势，这有助于提高接盘的稳定性和准确性。

通过迎盘跑动训练法，队员们可以提升在比赛中快速反应和动态接盘的能力，这对于提高团队整体表现至关重要（图 5-21）。

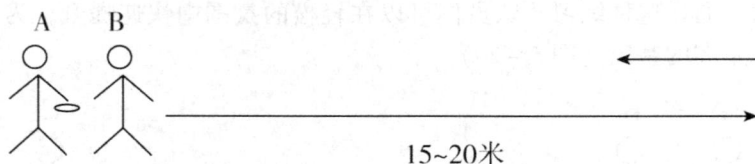

图 5-21　迎盘跑动训练法

（三）四人训练法

四人训练法是一种专注于提升队员快速接盘与出盘能力的练习，同时也增强了队员们的注意力和双手敏捷性。以下是四人训练法的具体流程和技能强化点：

1. 训练设置

参与者：四名队员，分别标记为 A、B、C、D。

站位：四人形成一个方形或菱形站位，确保彼此之间有足够的空间进行快速掷接盘。

2. 训练流程

A 掷盘给 D：训练开始时，A 将飞盘掷给 D。

D 接盘并回传：D 接住飞盘后，应立即回传给 A，然后接 B 掷来的飞盘，同样快速接住并回传。

连续接传：D 接下来转向 C 接盘并迅速回传，最后 D 再转回到 A 的方向，重复这个流程。

循环进行：训练持续进行，每个队员都应保持高度集中，确保飞盘在接盘者转过身时就已经抵达，从而加快整个流程的速度。

3. 技能强化

短传：提高短距离快速掷盘的准确性。

快速接盘与出盘：培养迅速接住飞盘并立即掷出的能力。

注意力集中：在快速变化的环境中保持专注，随时准备接盘和掷盘。

双手敏捷性：提高双手的反应速度和协调性，确保无论哪只手都可以快速接住和掷出飞盘。

4. 注意事项

旋转掷盘：在掷盘时加入旋转，这不仅有助于降低飞盘被截下的概率，还能在有风的条件下保持飞盘的飞行稳定性。

果断掷盘：掷盘动作要果断，减少犹豫，以提高掷盘速度和效率。

四人训练法不仅能够提高个人技能，还能增进队员之间的默契，提升团队的整体协作能力。通过这种高强度的练习，队员们可以更好地适应比赛中的快节奏和高压环境（图5－22）。

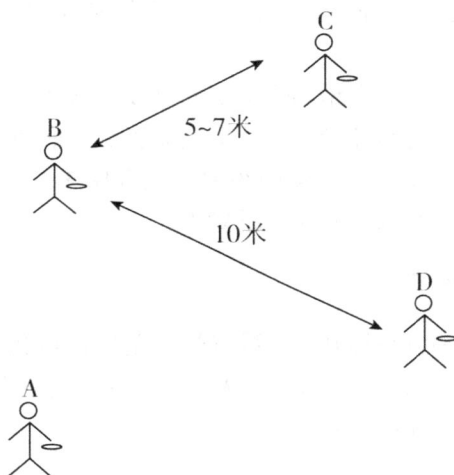

图 5 – 22　四人训练法

（四）笼子训练法

笼子训练法是一种旨在提升队员控盘能力和团队协作技巧的练习，灵感来源于传统游戏"守护球"。这项训练通过限定的空间和简单的规则，迫使队员们在紧凑的环境中快速做出决策，增强传球和防守的技能。以下是笼子训练法的详细说明：

1. 训练设置

场地：划定一个边长为10米的正方形区域作为"笼子"。

队伍：将参与者分成两队，每队两人。

目标：每队的目标是在限定区域内控制飞盘，阻止对方队伍接触飞盘。

2. 训练规则

控制飞盘：两队在正方形区域内争夺飞盘控制权，任何一方队员接住飞盘后，需在不被对方队员夺走的情况下，通过快速传盘保持控制权。

失误判定：如果飞盘落地，则持盘方失误，控制权转移给对方队伍。

得分机制：连续完成四次成功传盘（不包括接盘后立即传给同一队友的情况）的队伍得一分，得分后该队继续持有飞盘，开始新一轮的传盘。

3. 技能强化

控盘能力：在狭小的空间内，队员需要迅速做出反应，保持对飞盘的控制，提高控盘技巧。

团队协作：两人的队伍需要密切配合，通过快速准确的传盘来保持控盘优势，增强团队间的默契。

防守策略：队员不仅要关注队友的传盘，还要时刻留意对方的动向，制定有效的防守策略，防止对方夺盘。

4. 训练益处

提高决策速度：在有限的空间和时间内，队员们必须快速做出判断，选择最佳的传球时机和方向。

增强体力和灵活性：持续的奔跑和快速变向可以提高队员的体能和灵活性。

提升比赛意识：在模拟比赛环境中，队员们能够更好地理解团队战术和比赛节奏。

笼子训练法是一种高强度、快节奏的练习，适合用来提升队员在比赛中的实际表现，尤其是在需要快速反应和团队协作的场景中。

（五）扔进盒子训练法

扔进盒子训练法是一种旨在提升掷盘准确性、跑位技巧和引导跑动者能力的练习。通过设定一个特定的正方形区域（盒子），队员们可以在模拟比赛中练习精确掷盘和高效跑动。以下是该训练法的详细说明：

1. 训练设置

队伍：将队员分为两队，分别标记为 X 队和 O 队，每队排成一列。

盒子：使用角标标识出一个正方形区域，作为"盒子"。

2. 训练流程

X 队跑动：X 队列上的第一个人向外侧跑位，然后折返跑向盒子中心。

O 队掷盘：与此同时，O 队列的第一个人将飞盘掷向盒子的正中，目标是让 X 队列上的第一个人在跑动中追接飞盘。

交替掷接：X 队列的第一个人接住飞盘后，再往外侧跑位，随后折回内侧。此时，X 队列的第二个人将飞盘掷向盒子，让 O 队列的第一个人去追接飞盘，再重复上述跑动模式。

角色交换：训练过程中，双方可以交换所站队列位置，以练习不同的掷盘和跑动方向。

3. 技能强化

掷盘：练习将飞盘准确掷向指定区域，引导跑动者。

跑位：提升在动态环境中的跑动技巧，包括调整速度和方向。

引导跑动者：掷盘者需要根据跑动者的位置和速度，调整掷盘的力度和方向，以引导跑动者接盘。

4. 注意事项

掷盘方式多样化：可以尝试不同的掷盘方式，如内摆传盘，以增加训练的复杂性和挑战性。

引入防守者：让每队的第二个人扮演防守者的角色，增加训练的实战感。

调整盒子大小：改变盒子的大小，可以提升掷盘的准确度要求，增加训练难度。

改变跑位模式：让跑动者采用不同的跑位方式，如卵石形跑位，增加训练的多样性和趣味性。

扔进盒子训练法通过模拟比赛中的掷盘和跑动场景，帮助队员们在实际比赛中更加自信和熟练。通过不断调整训练参数，可以全面提升队员们的掷盘准确性和跑位技巧（图 5 – 23）。

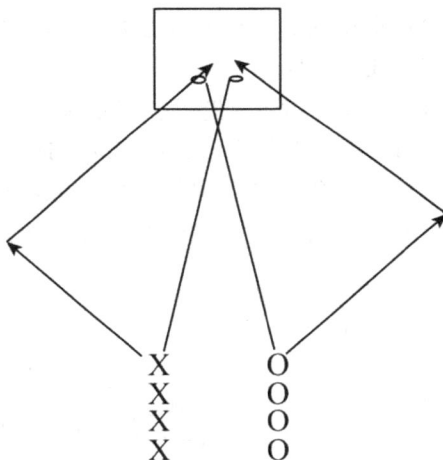

图 5 – 23 扔进盒子训练法

（六）"环游世界"训练法

"环游世界"训练法是一种旨在提高队员掷盘技巧、跑位能力和身体协调性的练习。通过设定一个循环的跑动和掷盘模式，队员们可以在模拟比赛环境中提升自己的综合技能。以下是该训练法的详细说明：

1. 训练设置

队伍：将队员分为两队，分别标记为 X 队和 O 队，每队排成一列。

掷盘方向：X 队列的玩家主要练习反手掷盘，而 O 队列的玩家则练习正手掷盘。

2. 训练流程

X 队掷盘与跑动：第一个 X 玩家将飞盘掷向第一个 O 玩家，然后背向 O 玩家跑位，再折返跑向 O 玩家的位置。

O 队回传：此时，第一个 O 玩家回传飞盘给正在跑位的 X 玩家。

循环传递：X 玩家接住飞盘后，再掷给下一个 O 玩家，并重复上述跑动路线。

同步跑动：第二个 X 玩家在第一位跑位者完成三次传盘后开始跑位，以此类推，保持队伍的连续性和节奏。

方向转换：当 X 队列的每个人都跑完整个一圈后，以同样的方式往回跑位，直到所有队员完成整个循环。

队伍交换：训练结束后，X 队和 O 队交换位置，重复上述流程。

3. 技能强化

掷盘技巧：练习反手和正手掷盘，提高掷盘的准确性和力度。

跑位能力：提升在跑动中接盘的能力，以及根据掷盘方向迅速调整跑位路线的技巧。

身体调节：在掷盘前站稳双腿，保持身体平衡，提高掷盘时的稳定性和控制力。

4. 注意事项

强调跑位突然性：新手在训练时，要注重跑位的突然性和方向的不确定性，这有助于提高在比赛中的反应速度和灵活性。

正对飞盘跑动：在接盘时，应正对飞盘跑动，而不是等待飞盘，以提高接盘效率。

站稳双腿掷盘：在掷盘前，确保双腿稳固，这有助于提高掷盘的准确性。

对于高水平队伍，可以在不完全站稳双腿的情况下练习传接盘，以增加训练的难度和实战性。通过"环游世界"训练法，队员们可以在一个连贯的流程中全面提高自己的技能水平（图 5 – 24）。

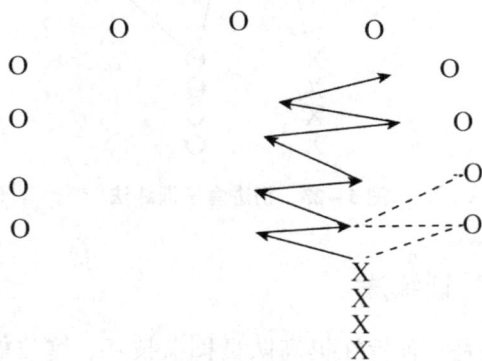

（实线表示跑位，虚线表示传盘）

图 5 –24 "环游世界" 训练法

（七） 四角训练法

四角训练法是一种旨在提高队员掷盘准确性、跑位技巧以及对时机判断能力的练习。通过在四个角设置队员，队员们可以在模拟比赛中练习精确掷盘和高效跑动。以下是该训练法的详细说明：

1. 训练设置

队伍分布：将队员分为四队，每队站在场地的四个角上，形成一个四方形。

2. 训练流程

跑动与掷盘：某一队列（例如左下角队列）的第一个人从队列前端开始往外侧跑位，然后再朝内侧跑。过一会儿，掷盘者向跑位者将要跑到的位置传盘。

队列轮换：掷盘者在传盘后，加入跑位者离开的队列，成为下一个接盘者。

连续传递：下一队列前端的玩家进行同样的跑位，第一次传盘的接盘者用同样方式去传盘，然后站入第二队列。

循环训练：训练过程不断循环，每个队员都将经历掷盘、跑位和接盘的过程。

3. 技能强化

掷盘技巧：练习将飞盘准确掷向指定位置，引导跑动者。

跑位技巧：提升在动态环境中的跑动技巧，包括调整速度和方向。

时机判断：学会看准连续跑位的时机，提前判断掷盘的最佳时机。

4. 注意事项

变体训练：四角训练法有多种变体，如改变跑位模式（先内后外、卵石形跑位），或是练习内摆传盘，增加训练的多样性和挑战性。

四角训练法通过模拟比赛中的掷盘和跑动场景，帮助队员们在实际比赛中更加自信和熟练。通过不断调整训练参数，可以全面提升队员们的掷盘准确性和跑位技巧，同时增强对时机的敏感度和判断力。这种训练方式有助于队员们在比赛中更好地配合，提高团队整体的战术执行力（图 5 – 25）。

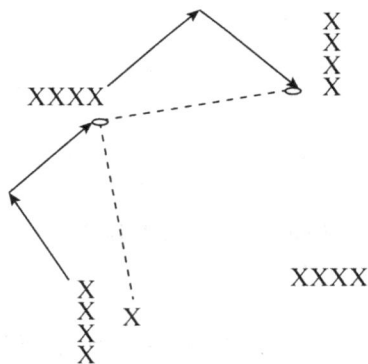

（实线表示跑位，虚线表示传盘）

图 5 – 25　四角训练法

(八)"杯子"训练法

"杯子"训练法是一种旨在提高掷盘者在压力下快速决策能力以及接盘者反应速度和接盘技巧的练习。通过设定一个"杯子"形状的队形，掷盘者需要在有限的时间内将飞盘准确地掷给队友，而接盘者则需要在队友的阻挡下成功接住飞盘。以下是该训练法的详细说明：

1. 训练设置

队伍分布：将队员分为两队，其中一队扮演"杯子"角色，围绕持盘者（X玩家）形成一个圆圈。

掷盘者：持盘者（X玩家）位于圆圈中心，负责在规定时间内将飞盘掷给圆圈中的队友。

2. 训练流程

掷盘限制：持盘者有5秒钟的时间去将飞盘传给圆圈中的任何队友（除了右侧的第一人）。

防守机制：O队的玩家可以尝试阻断飞盘，如果成功阻断，掷盘者将加入"杯子"，成为防守者。

接盘规则：如果圆圈中的某位接盘者未能成功接住飞盘，则他将与"杯子"中的某一人交换位置，成为新的防守者。

循环训练：训练过程不断循环，每个队员都将有机会担任掷盘者和接盘者，体验不同的角色和挑战。

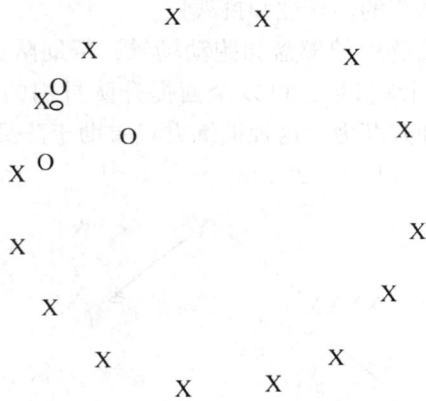

图 5-26 "杯子"训练法

3. 技能强化

快速决策：掷盘者需要在有限时间内快速判断最佳传球目标，提高在压力下的决策能力。

接盘技巧：接盘者需要在队友的防守下成功接住飞盘，提升接盘技巧和反应速度。

团队配合：增强队员之间的默契和配合，提升团队整体的传球和防守效率。

4. 训练益处

"杯子"训练法通过模拟比赛中的防守和传球场景，帮助队员们在实战中更加自信和熟练。通过不断变换角色，队员们可以在不同位置和角色中锻炼和提升自己的技能，同时增强对比赛节奏和团队战术的理解。这种训练方式有助于提高队员们的比赛意识和团队协作能力。

第三节 定向与攀岩运动

一、定向运动

定向运动（Orienteering）是一项体育活动，参与者使用地图和指南针，在未知的地形上导航，目标是以最快的速度找到一系列预设的检查点。这项运动结合了跑步和导航技能，要求运动员不仅要具备良好的体能，还要能够迅速解读地图，做出路线选择，并精确地定位自己在地形中的位置。

（一）定向运动的起源

定向运动的起源可以追溯到瑞典，而且它的诞生与军事训练有着密切的关系。在19世纪末至20世纪初，瑞典的军队开始使用定向越野作为训练士兵在野外环境下导航能力的一种方式。定向越野要求士兵们在没有明确路径的情况下，仅依靠地图来确定方向和位置，这在当时的军事行动中是非常重要的技能。

随着定向越野在军事领域的应用，这项运动逐渐传播到了民间，成为一项受欢迎的户外活动。1919年，斯堪的纳维亚地区举办了首次正式的定向越野比赛，标志着定向运动从军事训练向大众体育活动的转变。

定向运动在北欧国家迅速发展，特别是芬兰、挪威、瑞典和丹麦，这些国家的自然环境非常适合开展定向越野活动。随着时间的推移，定向运动的规则和组织结构得到了完善，1961年成立了国际定向联合会（International Orienteering Federation，IOF），这是定向运动的全球管理机构，负责制定规则、举办国际赛事并推广这项运动。

定向运动的普及和专业化使其成为国际认可的体育项目，并且是奥林匹克运动的一部分，尽管目前它还未被纳入夏季奥运会的正式比赛项目，但已有多次尝试将其加入奥运会的讨论。定向运动的国际比赛，如世界锦标赛和欧洲锦标赛，吸引了来自世界各地的顶尖运动员参加，展示了这项运动的高度竞争性和技术性。

（二）定向运动的种类

定向运动因其多样化的形式和广泛的参与度而备受人们喜爱，涵盖了不同的运动方式和参与群体。以下是定向运动的一些主要种类：

①徒步定向（Foot Orienteering）：这是最传统的定向运动形式，参赛者跑步穿越地形，使用地图和指南针找到检查点。

②山地车定向（Mountain Bike Orienteering，MTBO）：参赛者使用山地自行车作为交通工具，通过地形找到检查点。

③滑雪定向（Ski Orienteering）：在雪地或冬季条件下进行，参赛者穿着滑雪装备，使用滑雪板和滑雪杖在雪地中前行。

④轮椅定向（Wheelchair Orienteering）：专为残障人士设计，使用轮椅作为移动工具进行定向运动。

⑤定向运动的其他分类：

团队定向（Team Orienteering）：团队成员一起完成比赛，每个成员轮流导航和前进。

积分定向（Score Orienteering）：参赛者在规定时间内尽可能多地访问检查点，每个检查点有不同的分数，总分最高的获胜。

GPS定向（GPS Orienteering）：使用全球定位系统（GPS）设备来导航，参赛者需找到GPS坐标所对应的检查点。

家庭定向（Family Orienteering）：适合家庭成员共同参与，旨在增进家庭成员之间的互动和团队合作。

其他还有夜间定向、骑马定向、皮划艇定向等多种变体，每种都有其独特的挑战和乐趣。

定向运动的种类繁多，适合不同年龄、兴趣和能力水平的参与者，无论是个人挑战还是团队合作，都能找到合适的形式。这种多样性和包容性也是定向运动在全球范围内广受欢迎的原因之一。

（三）定向运动的物质条件

1. 指北针

指北针是定向运动中不可或缺的导航工具，它能够帮助运动员确定方向，特别是在复杂的地形中。以下是使用指北针时需要注意的关键点：

红色指针指示北方：指北针中最显著的红色指针始终指向北极，这是指北针最基本的功能。

辨认"N"端：当指北针的磁针静止后，"N"端（通常有明显的标识）所指的方向即北方。

保持水平：使用指北针时，应尽量保持其水平放置，避免倾斜，以确保读数的准确性。

远离磁性干扰源：使用指北针时，应避免靠近铁质或磁性物质，如金属栏杆、汽车、大型建筑物等，因为这些物体可能产生磁场干扰，导致指针偏离真实北方。

确认"N"端：在使用指北针时，一定要确认是磁针的"N"端指向北方，避免将"S"端误认为北方，这会导致方向判断出现180°的误差。

正确使用指北针是定向运动中的一项基本技能，它能帮助运动员在比赛中快速定位和导航，避免迷路。在复杂的地形中，结合地图使用指北针，可以更准确地确定自己的位置和方向，是成功完成定向运动的关键。

指北针如图5-27所示。

图 5 - 27　指北针

2. 地图

地图不仅是日常生活的导航工具，更是定向运动中至关重要的信息载体。

定向运动地图：专门用于定向运动的地图详细标注了地形、地貌和其他重要特征，帮助运动员在比赛中准确导航。

等高线图：在户外探险和登山活动中，等高线图尤为重要，因为它能清晰展示地形起伏，包括山脉、山谷、陡坡和平缓地形。

3. 点标旗

功能与标识：点标旗用于标记定向运动中的检查点，确保运动员能够准确找到并打卡。

设计与规格：点标旗由三面标志旗组成，每面为 30 厘米 × 30 厘米的正方形，沿对角线分为白色和橙红色，形成鲜明的对比。

编号系统：每个点标旗都配备一个唯一的编号，帮助组织者和运动员追踪比赛进程。

4. 检查点卡片

成绩判定：检查点卡片是运动员成绩记录的关键，确保比赛的公正性和运动员的成绩认证。

卡片结构：检查点卡片分为主卡和副卡，主卡由运动员携带并在每个检查点打卡，副卡则留在起点供组织者记录。

5. 点签

凭证作用：点签作为运动员到达检查点的证明，确保比赛的公正性和运动员的成绩准确性。

样式多样：点签可以是印章式或钳式，每种都有独特的图案或代码，方便识别和验证。

印章式点签：通常雕刻有特定图案或代码，自动上印油的印章在比赛中更为实用。

钳式点签：由弹性材料制成，顶部装有钢针，通过不同排列的钢针印出各异的图案，作为打卡凭证。

6. 适宜的服装和鞋

（1）服装

定向越野比赛的服装选择应侧重于功能性与舒适性，没有严格的规定，但建议遵循以下原则：

紧身舒适：选择紧身但不妨碍呼吸和运动的衣物，确保活动自如，减少摩擦和阻力。

保护性：在丛林或灌木丛中比赛时，长袖上衣和长裤可以保护皮肤免受树枝刮伤和昆虫叮咬，使用面料结实的衣物能提供额外的防护。

护腿：在必要时，可以使用护腿来进一步保护小腿部位，特别是在地形复杂或植被茂密的地区。

（2）鞋

定向越野专用鞋是运动鞋中性能突出的一类，具有以下特点：

防滑性：鞋底设计有较深的花纹，提供良好的抓地力，适合在各种地形上行走，包括湿滑的树叶、泥泞的地面和陡峭的山坡。

轻便性：鞋子重量轻，减少脚部负担，提高运动效率和舒适度。

耐磨性：鞋底和鞋面材质耐用，能经受住复杂地形的考验，延长使用寿命。

选择合适的服装和鞋对于定向越野运动员来说至关重要，不仅能提高比赛表现，还能确保在户外环境中的安全和舒适。适当的装备能够帮助运动员更好地适应各种天气和地形条件，防范意外伤害的风险，从而更专注于比赛本身。

（四）标定地图

定向越野中，正确使用地图是决定比赛成败的关键。以下是标定地图、确定站立点、制定路线和按图行进的基本方法：

1. 标定地图

标定地图是确保地图方向与实际方向一致的过程，这是使用地图的前提。标定地图的方法包括：

概略标定：根据太阳或风向等自然指标大致判断方向。

利用指北针标定：使用指北针使地图上的北方与现实中的北方对齐。

利用直长地物标定：通过与地图上的道路、沟渠等直长地物对齐来校准地图。

利用明显地形点标定：找到地图上与现实中相对应的显著地标，如山顶、湖泊等，进行地图对准。

2. 确定站立点

确定站立点是使用地图的关键步骤，常用方法有：

直接确定：当站在明显地形点上时，直接在地图上找到对应点。

利用位置关系确定：根据与明显地形点的方向和距离来确定位置。

利用交会法确定：当附近没有明显地形点时，使用90°法、截线法、连线法、后方交会法等技巧确定位置。

3. 制定路线

选择路线时应考虑的因素包括：

（1）选择路线的标准

考虑体力消耗、时间、安全性及个人技能优势。

（2）路线选择问题

如遇到障碍物，判断是否翻越或绕行。

（3）路线选择原则

有路不越野：优先使用道路。

走高不走低：优选山脊而非山谷。

遇障提前绕：提前规划绕行路线。

就近不就远：必要时放弃道路，直接越野。

心在图上移：随时了解地图位置。

利用点标说明：参考点标信息。

冷静应对特殊情况：如迷路或受伤，采取恰当措施。

4. 按图行进

拇指辅行法：用拇指在地图上标记当前位置，随行进移动拇指。

记忆法：记忆路线的方向、距离和特征，实现"人在地上跑，心在图上移"。

借线法（扶手法）：沿易于辨认的线状地形前进。

借点法：利用明显地形、地物快速定位目标。

水平位移法：沿等高线行进，适用于同高度且无障碍的区域。

掌握这些技巧，能够帮助定向越野运动员在比赛中更高效、准确地导航，提高比赛成绩。

二、攀岩运动

攀岩运动源自现代登山运动，它是一种专注于攀登陡峭岩石表面的极限运动。攀岩不仅考验运动员的身体素质，如力量、耐力和柔韧性，还要求有高超的技术、精确的策略和心理素质。

（一）攀岩运动的特点与功能

1. 攀岩运动的特点

运动场地的唯一性：攀岩依赖于自然或人造的垂直或倾斜岩壁，这些场地提供了独特的挑战和体验，不同于其他运动。

探险运动的危险性：攀岩涉及高度和潜在的坠落风险，需要专业的技能和安全措施来保障运动员的安全。

极限运动的挑战性：攀岩要求极高的身体和心理素质，挑战运动员的力量、耐力、灵活性和决策能力。

竞技运动的观赏性：攀岩比赛因其紧张刺激的过程和运动员的精湛技艺而具有很

高的观赏价值。

大众运动的参与性：攀岩既适合专业运动员，也适合业余爱好者，通过不同难度等级的路线，吸引广泛的参与人群。

复杂运动的创造性：攀岩要求运动员在面对不同岩壁时，创新路线选择和攀登策略，展现个人风格和创造力。

2. 攀岩运动的功能

健身功能：攀岩是一项全身性的运动，能够增强肌肉力量、提高心肺功能和促进身体协调性。

教育功能：攀岩教学可以培养运动员的决策能力、团队合作精神和风险评估技巧。

娱乐功能：攀岩提供了一种充满乐趣和挑战的休闲方式，让人们在户外或室内环境中享受运动的乐趣。

经济功能：攀岩带动了相关产业的发展，如攀岩馆、装备销售和旅游服务，创造了经济效益。

3. 分类

（1）按场地类型分类

自然岩壁攀岩：在自然界的岩石上进行的攀岩活动，提供了原始的攀岩体验和挑战。

人工岩壁攀岩：在室内或室外的人造岩壁上进行，适合训练和初学者入门。

（2）按攀登方式分类

自由攀登：仅使用身体力量和技巧攀登，装备仅用于保护而非辅助。

器械攀登：使用特殊工具，如冰镐、岩钉等，协助攀登冰壁或极端岩壁。

（3）按保护方式分类

顶绳攀登：攀登者在下方被固定绳索保护，绳索通过岩壁上方的保护点。

先锋攀登：攀登者首先攀爬，将保护装备设置在岩壁上，为后续攀登者提供保护。

（4）按比赛项目分类

速度攀岩：运动员在标准化路线上以最快的速度攀登。

难度攀岩：评估运动员在完成最复杂路线方面的技能。

攀石：在较低高度的岩石或人造结构上进行，无须使用绳索保护，使用垫子，防止坠落受伤。

（二）攀岩运动的基础装备

攀岩运动的基础装备是攀登者安全和成功攀登的关键。以下是攀岩运动中常用的基础装备及其详细说明：

1. 保护性装备

（1）主绳

目的与作用：防范攀岩时冲坠的风险，为攀登者与保护者之间建立可靠的连接。

分类：动力绳与静力绳。动力绳用于先锋攀登，具有弹性；静力绳无弹性，用于上方保护的攀登或下降。

结构：由绳皮（保护套）和绳芯（受力部分）组成。

（2）安全带

用途：连接攀登者与绳索，确保安全。

分类：全身式安全带和坐式安全带。

注意事项：穿戴正确，松紧适度，避免遮挡，不随意调节。安全带如图 5 – 28 所示。

图 5 – 28　安全带

（3）扁带

用途：在保护系统中做软性连接。

分类：机械缝制扁带和手工打结扁带。

（4）铁锁

铁锁如图 5 – 29 所示。

图 5 – 29　铁锁

用途：在保护系统中起连接作用。

分类：丝扣锁（保险锁）和普通锁。

性能指标：纵向、横向和开门拉力。

（5）保护器/下降器

功能：通过摩擦力控制绳子滑动，用于下降或保护。

类型："8"字环、ATC、GriGri 和 Reverso。

（6）头盔

作用：防止落石及非正常脱落姿态带来的头部伤害。头盔如图 5 - 30 所示。

图 5 - 30　头盔

2. 辅助性装备

（1）攀岩鞋

特点：鞋底采用特殊橡胶，号码偏小，以增强脚感和精确踩点。

（2）镁粉袋

用途：吸收手汗和岩壁水分，增加摩擦力。

在选择和使用攀岩装备时，务必确保装备的质量、用途和性能符合国际标准，如国际攀登联合会（UIAA）或欧洲标准（CE）认证。正确使用和保养装备是保障攀岩安全的关键。

（三）攀岩运动的基本手法、脚法与身法

攀岩技巧是攀登成功的关键，它包括手法、脚法和身法。以下是攀岩运动中常用的技巧：

1. 手法

握：使用手掌和手指力量固定在支点上。

抓：拇指辅助，其余四指正向深入支点。

抠：指尖弯曲，第一或一二指关节抓住支点。

压：第一指关节扣住，其余竖起，拇指压食指。

捏：大拇指和其余四指相对用力夹住支点。

搵：手掌掌面向心用力摩擦支点。

撑：手掌掌面向外离心用力。

搂：手掌小拇指一侧与支点接触固定。

戳：一个手指深入支点洞内，大拇指压其他三指。

2. 脚法

脚尖外侧踩点：小趾用力，脚外侧贴近岩壁。

脚尖内侧踩点：大脚趾用力，脚内侧贴近岩壁。

踩摩擦点：前掌与岩面摩擦，固定脚部。

脚尖钩点：脚尖钩住支点，膝关节向后回收力。

脚跟挂点：脚后跟挂住支点，下肢向下用力。

3. 身法

靠：背部靠住岩面，四肢顶住对面岩石，固定和上移身体。

跨：在"L"形岩壁中，双脚分别在两个平面使用。

这些手法、脚法和身法在攀岩中各有其应用场景，熟练掌握这些技巧能够帮助攀登者更有效地利用岩壁上的支点，节省体力，提高攀登效率。攀岩技巧的运用需要结合实际情况灵活变化，攀登者需要通过不断的实践和经验积累，才能在复杂多变的岩壁上找到最适合的攀登方式。

第四节　拓展训练

一、拓展运动的特点

拓展训练，也被称为户外体验式培训或冒险教育，是一种通过户外活动和团队建设游戏来促进个人成长和团队发展的训练方式。其核心理念是"体验学习"，即通过亲身体验和反思来获取知识和技能。以下是拓展训练的主要特点：

①以参与者为中心：在拓展训练中，参与者是活动的主体，通过亲自参与和体验来学习，而不是被动接收信息。培训师的角色是引导和激发参与者思考，而非单向传授知识。

②简单游戏，深刻道理：尽管拓展训练的活动看似简单，但它们背后往往蕴含着心理学、管理学和团队科学的深刻原理，旨在提升个人心理素质和团队效能。

③迅速拉近情感距离：通过团队合作完成具有挑战性的任务，参与者之间容易建立起深厚的信任和友谊，这种情感联系往往比一般社交关系更为紧密。

④针对性强，效果显著：与常规技能培训不同，拓展训练侧重于态度和行为的改变，对于企业而言，员工态度的转变能显著影响其工作绩效，因此拓展训练在改善团队质量和提升工作效率方面效果显著。

⑤与旅游有区别：虽然拓展训练可能包括户外活动和旅行元素，但其目的不是为了观光和休闲，而是通过特定的训练手段，如露营、徒步等，营造沉浸式的培训环境，促进学习和成长。

二、拓展训练的作用

拓展训练是一种创新的培训方式，通过设计一系列户外情景和挑战，促使参与者在实践中学习和成长。这种方式不仅能够提升个人能力，还能增强团队凝聚力，具体体现在以下几个方面：

①挖掘个人潜能：拓展训练通过各种挑战，帮助参与者认识到自己的内在潜力，增强自信心，改善自我形象，鼓励他们相信自己的能力。

②培养创新思维：面对复杂多变的训练情境，参与者需要发挥创造力，克服心理惰性，学会从混乱中寻找规律，以积极的态度解决问题，提升解决问题的能力。

③强化团队意识：通过团队合作项目，参与者能深刻体会到团队协作的重要性，学会信任他人，增强集体参与感和责任感，共同塑造团队的活力，促进组织的健康发展。

④改善人际关系：在训练过程中，参与者需要与他人进行真诚的交流和沟通，这有助于打破隔阂，建立更加和谐的人际关系，提高团队的协作效率。

⑤促进自我认知：通过全程的参与和自我展现，参与者能够更全面地了解自己的特长、优点和潜质，进而更好地在实际工作中发挥自己的优势，促进个人与团队的和谐共处。

拓展训练通过体验式学习，让参与者在实践中领悟，不仅提升了个人的心理素质和技能，还加强了团队之间的合作与沟通，为个人的职业发展和团队的整体进步奠定了坚实的基础。

三、拓展运动实践项目

以下介绍的拓展运动项目必须在专业教师指导下进行，难度系数由一颗星至五颗星，表示难度系数越来越大。

（一）高空项目

1. 高空抓杠

（1）项目类型

高空抓杠是一个典型的个人挑战项目，旨在测试参与者的勇气、信心、毅力和智慧。

（2）项目描述

高空抓杠项目是拓展训练中的经典挑战之一，它要求参与者在穿戴好安全装备的前提下，独立完成从地面攀爬至 7~8 米高的顶端圆盘，然后站稳，鼓足勇气向前跳跃，尝试抓住或触碰前方的单杠。无论结果如何，只要勇敢地跃出，就视为完成挑战。之后，参与者将通过保护绳安全返回地面。

（3）训练目的

突破自我：鼓励参与者超越心理障碍，全力以赴，克服内心的畏惧和犹豫。

团队支持：通过队友的加油、鼓励和关注，体现团队间相互激励与关爱的重要性，这对于构建一个强大的团队文化至关重要。

（4）难度系数

高空抓杠项目被评为四颗星的难度，意味着它对参与者的心理和体能都提出了较高的要求，需要参与者具备良好的身体素质和心理调适能力。

2. 高空断桥

（1）项目类型

高空断桥属于个人挑战项目，旨在测试和提升参与者的个人勇气、心理承受能力和团队精神。

（2）项目描述

高空断桥是拓展训练中的一个标志性项目。参与者需要爬上约 8 米高的平台，面对的是一个在中间断开的独木桥，断口宽度通常为 1.2～1.4 米。任务是在安全装备的保护下，先从一端跨到另一端，再从另一端跨回，完成两次跨越后原路返回地面。这个项目对参与者的心理和体能都是极大的考验。

（3）培训目的

自我突破：鼓励参与者面对并克服高空带来的恐惧，挑战自我，突破心理障碍，提升个人的勇气和决心。

心理与体能锻炼：通过实际行动，增强自信心，学习如何在困难面前自我激励，同时培养面对挑战时的互助精神和团队意识。

团队支持与关爱：通过队友的加油、鼓励和关注，参与者能够感受到团队的支持和温暖，认识到在一个优秀的团队中，相互激励与关爱的重要性。

（4）难度系数

高空断桥项目的难度系数被评定为四颗星，表明它对参与者的心理和身体素质都有较高要求。完成该项目不仅能够提升个人的胆量和自信，还能深化对团队合作的理解和体验。

3. 天梯

（1）项目类型

天梯是一个需要两人或多人协作完成的团队挑战项目。

（2）项目描述

天梯项目要求参与者在安全保护的条件下，相互协作，从天梯的底部逐步向上攀登，直至到达最顶端。天梯通常由一系列横置的木条构成，横条之间的距离逐渐加大，难度随之递增，需要团队成员之间不断调整策略，相互支持和配合，才能成功攀登至最高点。

（3）培训目的

群体决策与角色定位：通过项目，参与者需要共同决策，明确各自的角色和职责，理解团队中每个人的价值和贡献，学会有效分工合作。

问题解决与资源利用：面对逐渐增加的挑战，参与者需学会运用科学方法分析问题，合理分配和利用团队的人力资源，寻找最有效的攀登策略。

目标分解与达成：天梯项目通过设定多个阶段性的目标，让参与者理解将大目标分解为小步骤的重要性，每完成一个小目标都是向最终成功迈进的一步。

（4）难度系数

天梯项目的难度系数为四颗星，这意味着它不仅考验参与者的体能和技巧，更强调团队成员之间的沟通、协作和策略规划能力。

4. 空中相依

（1）项目类型

空中相依属于双人合作项目，强调参与者之间的相互依赖和协作。

（2）项目描述

空中相依项目要求两名参与者面对面站立，手拉手，在安全装备的保护下，共同在两条平行的钢缆上横向前进至另一端。这个过程中，双方需要保持平衡，相互支撑，共同克服空中行走的挑战。

（3）培训目的

团队合作与资源利用：参与者需要学会如何与同伴合作，合理利用双方的体力和技巧，寻找最有效的前进方式，体现团队合作精神和资源优化配置的重要性。

潜能与心理极限的激发：空中相依项目对参与者的心理承受能力和体能都是一次考验，鼓励参与者挑战自我，激发个人潜能，超越心理极限。

信任与责任意识：通过相互扶持和帮助，参与者能够建立起对自己和同伴的信心，体会到对方付出的价值，增强互帮互助的社会责任感。

（4）难度系数

空中相依项目的难度系数为五颗星，这意味着它对参与者的身体协调性、心理素质和团队协作能力都提出了极高要求。

（二）中空项目

1. 信任背摔

（1）项目类型

信任背摔是一个结合个人心理挑战与团队合作的项目，旨在通过简单的动作体验深层次的信任与责任。

（2）项目描述

在信任背摔项目中，参与者需要依次站在大约 2 米高的平台上，然后背对着下方的队友，放心地向后倒下。下方的队友会以交叉手臂的方式形成一个"人网"，确保安全接住倒下的参与者。

（3）培训目的

挑战自我与勇气：参与者需要克服站在高处的恐惧，鼓起勇气背向后倒，这不仅考验个人的勇气，也是对自我信任的一次挑战。

增强责任感：对于下方接应的队友来说，他们肩负着保护倒下队友安全的责任，这能增强团队成员之间的责任感和互信。

提升团队凝聚力：通过这个项目，团队成员之间的信任得到加强，共同经历的挑战能够加深彼此之间的联系，从而提高团队的整体凝聚力。

（4）难度系数

信任背摔项目的难度系数为两颗星，意味着虽然在体能上要求不高，但它对参与者心理层面的挑战较大，需要克服恐惧和建立信任。

2. 高台演讲

（1）项目类型

高台演讲是一个个人挑战项目，专注于提升参与者的公开演讲能力和心理素质。

（2）项目描述

在高台演讲项目中，参与者需要站在一定高度的讲台上，面对观众，根据事先设定的主题，在限定的时间内进行演讲。这不仅考验参与者的语言表达能力，还需要他们具备良好的逻辑思维和现场应变能力。

（3）培训目的

提升表达能力：通过在特定情境下进行演讲，参与者能够提高自己的逻辑思维和语言表达能力，学会如何清晰、有条理地传达信息。

心理调控与反应能力：站在高台上面对众多听众，可以锻炼参与者的心理承受力，培养在公众面前保持镇定、迅速做出反应的能力。

主题掌握与学习倾听：参与者需要全面掌握演讲主题，同时在准备和演讲过程中学会倾听他人的意见和建议，这有助于提升个人的综合能力。

压力与挫折管理：面对可能的评价和反馈，参与者可以增强对挫折和高压环境的容忍力和耐受力，学会在逆境中保持坚韧的品格。

（4）难度系数

高台演讲项目的难度系数为两颗星，虽然体能要求不高，但对于心理素质、演讲技巧和情绪管理方面提出了挑战。

3. 求生墙

（1）项目类型

求生墙是一个典型的团队合作项目，强调团队成员之间的协作与支持。

（2）项目描述

求生墙项目要求所有参与者共同努力，没有任何外部帮助的情况下，全部攀登到一堵高达 4 米的垂直墙面顶端。这个项目不仅考验团队的体力和技巧，更重要的是考验团队成员之间的信任、协作和策略规划能力。当团队成功完成任务时，通常会伴随着强烈的情感释放，成员之间会表现出极大的喜悦和团结，因而得名"感动墙"。

（3）培训目的

心理调控与团队合作：求生墙项目旨在培养参与者面对困难和挫折时的心理调控能力，同时增强团队合作意识，学会合理分配和利用团队资源，共同克服挑战。

角色定位与目标导向：在这个项目中，每个人都要明确自己在团队中的角色和职责，所有行动都应以实现团队目标为导向，强调个人为团队目标奉献的精神。

策略规划与执行：团队需要共同制定攀登策略，包括谁先上、谁助力、如何接力等，这考验了团队的策略规划和执行力。

（4）难度系数

求生墙项目的难度系数为四颗星，意味着它对团队的体能、心理素质和协作能力都提出了较高要求。

（三）低空项目

1. 电网求生

（1）项目类型

电网求生是一个团队合作项目，强调团队内部的沟通、协作与策略规划。

（2）项目描述

在电网求生项目中，团队成员需要在规定时间内，通过一个布满网格孔的"电网"，从一边到达另一边。挑战在于，身体的任何部位都不能触碰到电网的任何部位，且每个网格孔只能使用一次。这要求团队成员之间要有良好的沟通和协作，合理规划通过的顺序和方式。

（3）培训目的

心理健康与团队协作：项目旨在提升参与者的心理健康水平，增强应对挑战的能力，同时培养团队协作意识，学会在压力下与团队成员有效合作。

资源利用与倾听：参与者需要学会合理利用现有资源，同时倾听并整合团队成员的意见和建议，共同制定最佳策略。

角色定位与领导力：项目帮助参与者正确理解自己在团队中的位置，同时也认识到领导者角色的重要性，培养团队中的领导能力和跟随者心态。

关怀弱势群体：在项目执行过程中，团队需要特别关注体能较弱或有特殊需求的成员，确保所有人都能安全、顺利地通过电网，体现了团队内部的关怀和支持。

（4）难度系数

电网求生项目的难度系数为两颗星，主要挑战在于团队的沟通、协作和策略制定，而非个人的体能要求。

2. 荆棘取水

（1）项目类型

荆棘取水是一个典型的团队合作项目，重点考察团队成员之间的沟通、协作和策略规划能力。

（2）项目描述

在荆棘取水项目中，团队成员需要在限定的时间内，按照团队事先商议的方案，进入模拟的"雷区"中去取水。参与者需要巧妙规避"雷区"中的"陷阱"，即不能触碰地面或其他设定的障碍物，否则将被视为"阵亡"。这要求团队成员之间有良好的协作和默契，以及对方案的精准执行能力。

（3）培训目的

互助与协作：项目旨在提升团队成员间的互助和协作能力，尤其是在面临困难和挑战时，学会以团队为单位，共同寻找解决问题的有效途径。

策略规划与执行：参与者需要学会分析、策划，并将计划转化为实际行动，这考验了团队的策略规划和执行能力。

团队精神与奉献：荆棘取水项目强调团队精神，鼓励成员之间无私奉献，共同为团队目标努力，体现了团队协作中个人牺牲和团队利益之间的平衡。

（4）难度系数

荆棘取水项目的难度系数为两颗星，主要挑战在于团队的沟通、协作和策略制定，而非个人的体能要求。

（四）地面项目

1. 盲人方阵

（1）项目类型

盲人方阵是一个典型的团队合作项目，强调沟通、组织和领导力。

（2）项目描述

在盲人方阵项目中，所有参与者都被要求戴上眼罩，处于完全看不见的状态下，围成一个圈。团队的任务是按照指导员的要求，利用一条绳子摆放出特定的几何图形，如正方形、正三角形或其他正多边形，同时确保每位参与者均匀分布在图形的边上。这需要团队成员之间通过声音、触觉等方式进行沟通，共同协作完成任务。

（3）培训目的

领导与组织：项目旨在让参与者理解领导力在团队目标实现中的重要性，学会策划、组织和协调团队资源，以实现既定目标。

科学思维与知识运用：参与者需要运用逻辑思维和数学知识，结合团队合作，找到最优解来完成任务，培养科学的思维方式和知识应用能力。

沟通技巧与意识：在无法进行视觉沟通的情况下，团队成员必须依赖声音和触觉进行有效沟通，这有助于提高沟通意识和技巧，理解有效沟通对于团队协作的重要性。

（4）难度系数

盲人方阵项目的难度系数为两颗星，主要挑战在于团队内部的沟通、组织和领导力，而非个人的体能或智力挑战。

2. 雷阵

（1）项目类型

雷阵是一个聚焦于团队合作、创新思维和资源利用的拓展训练项目。

（2）项目描述

在雷阵项目中，团队成员需要共同面对一片模拟的"雷区"，目标是找到一条安全路径，使所有成员都能够穿越这片区域而不触发任何"地雷"。每当有成员"触雷"，即违反规则或走错路径时，需要返回起点，由另一位队员尝试。整个过程需要团队成员不断试验、观察和总结，直到找到正确的穿越路径。

（3）培训目的

创新与思维突破：雷阵项目鼓励参与者突破常规思维，勇于尝试新思路，避免陷入思维定式，培养创新意识和解决问题的新方法。

经验汲取与策略调整：项目要求团队成员从每次失败中汲取教训，调整策略，避免重复错误，这有助于培养快速学习和灵活应对的能力。

资源与工具的合理利用：在资源有限的情况下，团队需要高效利用现有资源，包括成员的知识、技能和工具，以最优化的方式达成目标。

（4）难度系数

雷阵项目的难度系数为四颗星，这主要是因为项目不仅考验团队的沟通和协作能力，还要求参与者具备创新思维、快速学习和资源优化配置的能力，对团队整体的智慧和执行力提出了较高要求。

（五）户外项目

1. 趣味定向

（1）项目类型

趣味定向属于团队合作项目，同时强调个人能力的提升。

（2）项目描述

在趣味定向项目中，参与者被分为若干个团队，每个团队将收到一份任务书，里面包含了需要在特定地点完成的各项任务。这些任务可能包括解谜题、完成挑战、收集物品或是执行特定的指令。团队成员需要根据任务书上的线索，找到这些地点并完成任务，整个过程充满了趣味性。

（3）培训目的

个人品质的提升：项目旨在培养参与者果断、主动和坚毅的品质，增强个人的自制力，鼓励在面对挑战时展现出坚定的意志和行动力。

身体与心理的健康：通过参与活动，参与者可以锻炼身体，提高动作的敏捷性和灵巧度，同时也有利于心理健康的维护，促进个人的全面发展。

团队合作与沟通：虽然强调个人能力的提升，但趣味定向项目同样重视团队合作，团队成员之间需要通过有效的沟通和协作来完成任务，共同朝着目标努力。

（4）难度系数

趣味定向项目的难度系数为两颗星，意味着它在挑战性方面适中，既考验了参与者的个人能力，也强调了团队合作的重要性，适合不同年龄和体能水平的参与者。

2. 野外生存

（1）项目类型

野外生存是一个团队合作项目，同时也着重于个人技能和心理素质的提升。

（2）项目描述

野外生存项目利用自然环境，如森林、山地、荒野等，通过模拟探险和生存挑战来进行情景式训练。参与者将学习如何在自然环境中定位、搭建庇护所、寻找食物和水源、制作火源等基本生存技能，同时面对可能的自然环境挑战，如恶劣天气、野生动物袭击等。

（3）培训目的

身心锻炼与意志磨砺：野外生存项目旨在通过自然环境中的挑战，锻炼参与者的身体，磨砺意志，陶冶情操，促进个人的全面发展。

生活技能与知识增长：项目提供了一个学习和实践日常生活技能的机会，参与者可以掌握在野外生存所需的基本技能，增强生活自理能力。

人际关系与社会认知：通过野外生存体验，参与者能够更深刻地理解人与自然、人与社会以及人与人之间的关系，培养环保意识和团队协作精神。

（4）难度系数

野外生存项目的难度系数为三颗星，这意味着它对参与者的体能、心理素质、生存技能和团队合作能力都有较高的要求。项目不仅考验个人的适应性和解决问题的能力，也强调团队成员之间的相互支持和协作。

（六）心智项目

1. 高空飞蛋

（1）项目类型

高空飞蛋是一个团队合作项目，旨在激发团队成员的创造力和协作能力。

（2）项目描述

在高空飞蛋项目中，团队需要利用提供的有限材料，比如报纸、胶带、塑料袋、吸管等，共同设计并制作一个保护装置，确保一枚鸡蛋可以从一定高度落下而不破裂。这不仅考验团队成员的创意，还要求他们在时间限制下高效协作，找到最有效的解决方案。

（3）培训目的

激发创造力：项目鼓励团队成员跳出传统思维模式，发挥想象力和创新思维，设计出能够保护鸡蛋免受冲击的装置，这有助于提升个人和团队的创造力。

团队协作与沟通：在有限的时间和资源下，团队成员需要紧密合作，有效沟通，分配任务，共同完成挑战，这有助于培养团队合作精神和沟通技巧。

（4）难度系数

高空飞蛋项目的难度系数为两颗星，意味着它对团队的创造力和协作能力提出了挑战，但并不需要特殊的专业技能或体能，适合不同年龄和背景的参与者。

2. 建塔

（1）项目类型

建塔是一个团队合作项目，旨在促进团队成员之间的协作和创新思维。

（2）项目描述

在建塔项目中，团队需要利用统一发放的材料，如吸管、纸张、胶带等，在限定时间内合作设计并搭建一座高度至少为50厘米、构造稳固且外观吸引人的塔。这不仅考验团队的创造性和工程设计能力，还要求成员之间有效沟通，合理分配任务，共同克服挑战。

（3）培训目的

激发团队创新：项目鼓励团队成员发挥创意，尝试不同的设计方案，通过团队合作完成一个具有挑战性的目标，这有助于提升团队整体的创新能力和问题解决能力。

增强团队协作：在建塔过程中，团队成员需要明确各自的角色，有效沟通，协同工作，这有助于增强团队成员之间的协作意识和团队凝聚力。

（4）难度系数

建塔项目的难度系数为两颗星，意味着它主要考验团队的创新能力和协作效率，而不是个人的体力或特殊技能，适合不同年龄和背景的参与者。

（七）理论项目

1. 人椅

（1）项目类型

人椅是一个团队合作项目，旨在促进团队成员之间的互动和信任。

（2）项目描述

人椅项目，也常被称为"破冰"活动，要求参与者分成小组，每组成员围成一个圈，然后每个人都坐在身后队友的膝盖上，形成一个稳定的"人椅"结构。在培训师的指导下，团队可能会尝试顺时针或逆时针旋转，看哪个小组能够维持这个姿势最久。

（3）培训目的

活跃气氛与破冰：项目能够快速活跃现场氛围，打破陌生感，促进团队成员之间的初步了解和接触，有助于团队的快速融合。

增强信任与合作：通过身体接触和相互支撑，参与者能够建立信任，学习如何依靠团队成员，体验团队合作的力量。

培养团队精神：人椅项目强调团队协作，参与者需要共同努力，保持平衡，这有助于培养团队精神和集体荣誉感。

（4）难度系数

人椅项目的难度系数为一颗星，意味着它的体能和技巧要求较低，主要侧重于团队氛围的营造和成员之间的互动，适合所有年龄段的参与者。

2. 卧式传递

（1）项目类型

卧式传递属于团队合作项目，强调身体接触与信任的建立。

（2）项目描述

在卧式传递项目中，参与者被分成若干小组，每组成员需要平躺在垫子上，通过相互之间的托举和协作，将整个小组的成员从一个位置平稳地移动到另一个位置。这个过程需要团队成员之间高度的协调和信任，确保每个人在移动过程中感到安全和舒适。

（3）培训目的

打破隔阂与增强信任：项目通过身体接触打破了成员之间的心理隔阂，促进了团队成员之间的信任感，有助于团队内部关系的融洽。

提高团队协作：卧式传递要求团队成员之间密切配合，共同完成任务，这有助于提高团队的协作能力和集体意识。

沟通与支持：在移动过程中，有效的沟通和相互支持变得至关重要，项目能够锻炼团队成员之间的沟通技巧和相互支持的能力。

（4）难度系数

难度系数一颗星，卧式传递项目通常被认为是对团队协作和信任建设有较高要求的活动，但体能要求相对较低，适合大多数年龄段和体能水平的参与者。

参考文献

[1] 宋强. 百年学村 百年体育:嘉庚体育文化传承与发展研究 [M]. 厦门:厦门大学出版社, 2023.

[2] 苏海永. 新时期校园体育文化体系的建设与发展研究 [M]. 北京:北京燕山出版社, 2022.

[3] 杨剑锋. 后现代的体育传播图景:体育、媒介与文化研究 [M]. 上海:上海人民出版社, 2022.

[4] 孙科,崔乐泉. 体育文化与产业研究:第4辑 [M]. 北京:社会科学文献出版社, 2023.

[5] 孙立红. 体育文化创新发展研究 [M]. 长春:吉林出版集团股份有限公司, 2022.

[6] 陈天庚. 体育教学与体育文化融合研究 [M]. 长春:吉林出版集团股份有限公司, 2023.

[7] 马焕. 德性视域下的体育与品格教育研究 [M]. 上海:上海人民出版社, 2022.

[8] 陆作生. 体育新论 [M]. 广州:中山大学出版社, 2023.

[9] 刘湘溶. 体育文化建设六论 [M]. 长沙:湖南师范大学出版社, 2022.

[10] 霍传颂,万千,袁彬. 欧美体育文化:英文版 [M]. 北京:北京理工大学出版社, 2022.

[11] 袁宏. 体育文化多维度研究 [M]. 长春:吉林出版集团股份有限公司, 2022.

[12] 周伟峰. 体育产业与体育文化发展管理探索 [M]. 长春:吉林人民出版社, 2022.

[13] 黄中伟,袁超,何福洋. 高校体育文化理论与实践研究 [M]. 长春:吉林出版集团股份有限公司, 2022.

[14] 赵一刚. 高校校园体育文化建设与探究 [M]. 北京:中国原子能出版社, 2022.

[15] 何继伟. 传统体育文化的传承与发展研究 [M]. 长春:吉林出版集团股份有限公司, 2022.

[16] 何宁宁,丁毅,等. 体育强国视域下中外体育文化比较 [M]. 上海:东华大学出版社, 2022.

[17] 张佃波. "体育强国"战略下我国体育文化的重塑与发展研究 [M]. 长春:吉林出版集团股份有限公司, 2021.

[18] 纪本平. 新时期体育文化的传播与多元发展探索 [M]. 北京:中国书籍出版社, 2022.

[19] 王宝珍. 文化融入视角下的高校体育教学改革探索 [M]. 北京:中国原子能出版社, 2022.

[20] 崔乐泉. 体育文化与产业研究:第2辑 [M]. 北京:社会科学文献出版社, 2022.

[21] 段伟,张秋实,等. 高校体育文化构建与教学实践研究 [M]. 长春:吉林人民出版社, 2022.

[22] 王乐,孟泓州. 体育教学与体育文化融合研究 [M]. 长春:吉林科学技术出版社, 2022.

[23] 涂传飞. 民俗体育文化传承与新型城镇化建设 [M]. 北京:社会科学文献出版社, 2022.

[24] 雷东涛. 高校体育文化理论与实践研究 [M]. 长春:吉林出版集团股份有限公司, 2022.

[25] 梅竹,于鹤,等. 高校体育文化与体育人文素质研究 [M]. 长春:吉林出版集团股份有限公司, 2022.

[26] 盛峰. 现代体育文化及其生态建构探究 [M]. 长春:吉林出版集团股份有限公司, 2022.

[27] 向云平. 传统体育文化与学校体育课程融合发展研究 [M]. 北京:人民体育出版社, 2022.

[28] 赵进. 体育文化与社会文化的关系研究:基于分形理论 [M]. 长春:吉林大学出版社, 2022.

［29］ 谢萌. 高校体育文化教育研究 ［M］. 长春：吉林人民出版社，2021.

［30］ 卢元镇. 体育文化随笔集 ［M］. 广州：中山大学出版社，2021.

［31］ 郭燕. 新媒体时代体育文化建设研究 ［M］. 延吉：延边大学出版社，2021.

［32］ 沙茜. 体育教学与体育文化融合研究 ［M］. 北京：北京工业大学出版社，2019.

［33］ 刘青. 新时期高校体育文化构建研究 ［M］. 长春：吉林人民出版社，2021.

［34］ 董艳芬. 高校体育文化理论与实践研究 ［M］. 北京：北京工业大学出版社，2019.

［35］ 高健，孙旭静. 高校体育文化教育与运动研究 ［M］. 北京：北京工业大学出版社，2019.

［36］ 周冰. 多元视域下的体育文化发展研究 ［M］. 长春：吉林大学出版社，2021.

［37］ 康丹丹，施悦，马烨军. 高校体育文化建设与大学生体育健康 ［M］. 长春：吉林人民出版社，2021.

［38］ 杨学文，赵磊. 高校冰雪体育文化教育与发展体系研究 ［M］. 长春：吉林人民出版社，2021.

［39］ 李进文. 高校体育教学与体育文化融合发展研究 ［M］. 北京：中国原子能出版社，2022.